城镇化与生育率

基于中国的经验分析

周　慧◎著

经济管理出版社

ECONOMY & MANAGEMENT PUBLISHING HOUSE

图书在版编目（CIP）数据

城镇化与生育率：基于中国的经验分析 ／ 周慧著.
北京 ：经济管理出版社，2024. -- ISBN 978-7-5096
-9992-8

Ⅰ．F299.21；C924.2

中国国家版本馆 CIP 数据核字第 2024Q00R44 号

组稿编辑：魏晨红
责任编辑：魏晨红
责任印制：许　艳

出版发行：经济管理出版社
　　　　　（北京市海淀区北蜂窝 8 号中雅大厦 A 座 11 层　100038）
网　　址：www. E-mp. com. cn
电　　话：（010）51915602
印　　刷：唐山玺诚印务有限公司
经　　销：新华书店
开　　本：720mm×1000mm/16
印　　张：13
字　　数：204 千字
版　　次：2024 年 11 月第 1 版　　2024 年 11 月第 1 次印刷
书　　号：ISBN 978-7-5096-9992-8
定　　价：88.00 元

前　言

　　低生育率及少子化、老龄化问题已经成为我国未来发展必须面对的基本事实，对实现人口规模巨大的中国式现代化产生重要影响。我国从 2011 年起先后推行了"双独二孩"和"单独二孩"政策，并于 2015 年实施了"全面二孩"政策。第七次全国人口普查数据显示，"二孩"生育率有明显提升，但 2020 年中国的总和生育率仅为 1.3。"全面二孩"政策实施 5 年后，尽管 2016 年、2017 年的出生人口有所增加，却依然没能扭转生育率下降的趋势。为此，国家已提出，进一步优化生育政策，实施"全面三孩"政策及配套支持措施。低生育率是一个复杂的交叉学科问题，深入研究生育意愿的影响因素是各个学科的重要议题。改革开放以来，我国经济社会发生了巨大变迁，原有的经济社会结构不断被打破，经济社会多元化和异质化程度不断增强。一方面，以城市化为典型特征的经济社会变迁，带来区域非均衡发展格局加剧、社会资本水平逐渐下降、人口的社会流动预期变化。另一方面，城镇化进程中民众的价值观发生了较大变化，传统的物质主义价值观逐渐向后物质主义价值观转变，养老观念、休闲观、性别平等观和幸福感知等观念都在不断变化。这两个维度的变迁是中国社会过去四十多年来最为根本性的结构转型特征，势必会对民众的生育意愿产生重要影响。本书立足我国城镇化发展的动态过程，探讨城镇化过程中的经济社会制度变革与民众观念变化对生育意愿产生了怎样的影响。

　　改革开放以来，我国经历了人类历史上最为波澜壮阔的城镇化进程，规模之大、速度之快前所未有。城镇化是贯穿改革开放经济社会变迁最为重要的关键词之一。在新的历史时期和发展阶段，妥善处理城镇化过程中出现的各种难题，努力提高城镇化发展的质量，以新型城镇化促进人口高质量发展，是我国当前面临的重要课题。本书首先对城镇化发展影响生育率的特征与事实进行提炼，在此基础上，从城市产业集聚、城市福利、城市公共服务和户籍制度等方面，系统阐释城镇化发展影响生育率的逻辑机理。其次利用中国城市数据、中国综合社会调查(Chinese General Social Survey，CGSS)微观数据、中国家庭追踪调查(China Family Panel Studies，CFPS)数据、中国流动人口动态监测调查数据(China Migrants Dynamic Survey，CMDS)，运用 HLM 分层线性模型、二值选择模型和多项 Logit 模型、双重差分方法(DID)、工具变量法、合成工具变量法等实证检验城镇化发展对生育率的影响效应及作用机制。最后针对理论和实证研究的结果，结合我国城镇化发展和生育率的典型事实和长期变化，提出通过城镇化高质量发展，提升生育率的对策和建议，为相关政府部门制定相应的政策措施提供参考。

本书提出以下主要观点：第一，城镇化水平与生育水平存在"U"形关系，在城镇化水平较低的情况下，由于忽视医疗、房价、教育等一系列社会问题，使生育率出现逐年降低趋势；但随着高质量推进以人为本的新型城镇化，更加增进民生福祉，从而使生育水平提高。城镇化对生育率的空间溢出效应，在城镇化推进带来的一系列问题中，收入、教育、房价、社会保障均有显著的直接效应、间接效应及总效应，并且空间外溢间接效果均优于对本地区的直接影响效果。居民人均可支配收入、教育、城镇养老保险水平对生育水平有显著的负向作用，商品房销售价格对生育水平有显著的正向作用。第二，与农村居民性比，城镇居民的生育意愿更低，且城镇居民生育多胎的意愿呈递减趋势。根据分组回归可知，户籍城镇化对中高育龄群体、低收入群体及东部地区整体的影响较为显著。户籍转变对低育龄、中等收入及中西部地区群体产生了明显的促进作用，表明户籍城镇化对于以上筛选的样本而言，生育一胎为最佳的选择。换句话说，户籍城镇化能够在一定程度上促进低育龄、中等收入及中西部地区群体的生育意愿。在就地城镇化和异地城镇化对居民生育意愿的影响路径差异性分析中发现，高育龄对子女的渴望在异地城镇化模式下更为显著，同时无论是就地城镇化还是异地城镇化，收入水平越高，对生育意愿的促进作用越大。社会保障对生育意愿的"挤出效应"在异地城镇化发展模式下更为显著。第三，城市福利与生育意愿呈倒"S"形关系，且目前处于第一个拐点前。生育意愿分别与中等层级、低层级城市福利呈反倒"S"形特征，即当中等层级、低等层级城市的各项福利水平进一步提升后，人们生活获得感和安全度增强，利于释放生育缺口，若在福利提升的过程中明显存在福利非均等化现象，则降低人们的生育意愿。第三，城市经济福利提升后，拥有城镇户口、市辖区企业数量更多的城市倾向生育两个孩子及以内，人口规模更大、第三产业较为发达的城市有意愿生育三孩及以上。城市社会福利提升后，有宗教信仰、人口规模更大、第三产业较为发达的城市有意愿生育更多孩子。城市环境福利提升后，拥有城镇户口、幸福感高、人口规模大的城市倾向生育两个孩子及以内，身体更健康、中年男性女性、第三产业较为发达的城市有意愿生育更多孩子。第四，产业集聚对生育率的影响表现出制造业集聚的门槛效应。制造业集聚减弱运输成本和生育率的同向变化关系，当制造业集聚到一定水平后，运输成本和生育率的同向变化关系会转变为反向，结合理论分析得出，在我国制造业集聚程度高的地区，由于高收入带来的收入效应大于生活成本的替代效应，运输成本和生育率变成反向关系，即运输成本越低生育率越高。收入效应在不同的制造业集聚阶段对运输成本和生育率关系产生的影响不同，在制造业集聚程度低的阶段，收入效应会促进运输成本和生育率的同向关系，而在制造业集聚程度高的阶段，收入效应会抑制运输成本和生育率的反向关系。在区域分组研究中，各区域内部生活成本和生育的替代关系明显，运输成本和生育率都具有显著的同向变化关系。

　　总体来看，本书高度聚焦中国城镇化转型发展和低生育率的典型事实，以及新发展阶段的时代特征，从理论和实证两个层面系统探究城镇化发展如何影响中国家庭生育行为，这种交叉学科的研究视角，不仅是对生育问题研究的新拓展，同时也为中国城镇化高质量发展和摆脱低生育率陷阱提供了新思路。本书认为，城镇化是中国经济社会文化变迁的典型特征，在新的时代背景下，城镇化的高质量发展是满足人民对美好生活的向往、提升居民生育意愿、提高全社会生育率的重要抓手。城镇化发展对推动城市产业集聚、提高城市福利、提升城市公共服务水平均有显著的影响，但具有非线性特征。应当根据地区、阶段和人群的特征与现实，制定科学合理的政策与措施。

目　录

第一章 绪论

第一节 选题来源

一、全球性低生育率趋势与中国的低生育率现实

(一)全球生育率总体情况

二战后,世界各国生育率普遍较高,各国人口数量迅速增加。为应对人口过快增长带来的对经济发展成果的稀释,许多国家实行了计划生育政策,以降低生育率,与此同时,各国政府都把发展经济作为首要目标,此后世界各国生育率普遍降低。不仅是发达国家,绝大多数的发展中国家,包括印度、巴基斯坦、孟加拉国等,以及出生率较高的非洲国家,生育率均呈下降趋势。联合国数据显示,低生育率已成为全球性趋势,全球50%以上的人口生活在总和生育率低于2.1的国家和地区①,预计到2045年后全球出生人口数量将逐年下降。联合国按中等生育水平预测,到2050年全球总和生育率将降至2.2,而按照当前的发展趋势,未来的生育水平可能会更低。

是什么因素导致全球性的生育率持续走低? 这种趋势能逆转吗? 影响生育率和

---

① 人口学中常用总和生育率来衡量生育水平,即平均每个妇女在育龄期间(15~49岁)生育的子女数量。

生育意愿的因素很多，一般分为生物因素和社会因素。一般而言，生物因素由人体本身决定，包括遗传、激素分泌水平等；而社会因素是人体外部因素，包括经济水平、社会发展、教育程度、风俗文化等。随着工业化和城市化进程的推进，社会因素越来越成为影响生育率的关键。在农业社会，生产单位是以家庭为核心的，人是最重要的生产资源，孩子是劳动力和生活保障的来源，加之医疗条件和生存环境的限制，死亡率相对较高，因此高生育率成为维持社会发展的必然。自从进入工业社会，生活环境、公共卫生和医疗技术条件得到改善，儿童死亡率显著降低，被迫生育现象得到了极大缓解。人们更加关注养育子女数量和质量的平衡。工业社会劳动分工不断细化，专业化程度越来越高，孩子从出生到参加工作需要接受教育的时间越来越长。这意味着教育成本的提高，家庭的经济压力增大。一方面提升子女培育质量的成本不断增高；另一方面生育子女的机会成本上升，使家庭生育子女的意愿降低。低生育率是一种经济现象、社会现象和文化现象，是工业化、城市化的必然结果。发达国家的经验表明，城市化发展的初期阶段，农业剩余劳动力进入城市，早期的低工资和有限的生活条件迫使他们普遍推迟了婚育年龄。随着城市化发展，居民生活条件改善，儿童死亡率下降，人们开始追求更高的生活品质，往往会主动减少生育。工业文明的不断渗透，使生育率不断下降。

（二）中国进入低生育率时期

低生育率及少子化、老龄化问题已成为我国未来发展必须面对的基本国情，解决这些问题会对实现人口规模巨大的中国式现代化产生重要影响。近半个世纪内，中国经历了生育率的快速转变。1950～1970 年，我国的生育率一直处于高位，家中有五六个孩子是比较常见的。20 世纪 70 年代初，中国政府提出"晚、稀、少"的生育政策，家庭减少生育的观念逐渐形成，生育率开始快速下降。在80 年代实施相对严格的生育政策之前，我国的总和生育率已降至 3 以下，90 年代又进一步降至更低水平。进入 21 世纪，学术界和社会上对中国生育政策和生育率数据的争论不绝于耳，放开生育的呼声越来越高。对此，我国从 2011 年起先后推行了"双独二孩"和"单独二孩"政策，并于 2015 年实施了"全面两孩"政策。第七次全国人口普查数据显示，"二孩"生育率有明显提升。出生人口中"二孩"占比由 2013 年的 30% 左右上升到 2017 年的 50% 左右。然而，第七次全国人口普查结果也显示，2020 年我国的总和生育率仅为 1.3。"全面两孩"政策实施 5 年后，尽管在 2016 年、2017 年出生人口有所增加，却依然未能扭转生育率下降的趋势。为此，我国已提出，进一步优化生育政策，实施"全面三孩"政策及配套支持措施。值得注意的是，影响中国生育水平的主导因素发生了较大的转变，社会、经济、文化等方面的因素越来越成为影响中国生育率走向的关键。

低生育率是一个复杂的交叉学科问题，各个国家都在采取鼓励措施，试图提高生育水平。欧洲学者提出了"第二次人口转变理论"，以解释生育率为何持续低于更替水平，并预测了在传统人口转变过程完成后，社会整体人口结构的未来走向，以及个体和家庭行为的变化趋势。第一次人口转变是生育行为的转变，生育的相对子女数量减少，第二次人口转变则是人们对婚姻的期待发生转变。造成第二次人口转变的主要原因是人们观念的变化，对女性社会角色的认可，性观念与家庭观念的转变，以及对自我实现的重视导致家庭领域内的巨大变化，主要表现为初婚年龄推迟、结婚率下降、同居率上升，以及离婚率上升。这些行为的改变又根植于经济社会变迁的大背景下，难以被外部政策影响。然而长期的低生育水平将带来人口结构失衡、人口老龄化、社会劳动力短缺、社会生产力下降等一系列经济社会问题。2020 年，我国 60 岁及以上人口的占比为 18.70%，比 2020 年上升了 5.44 个百分点。65 岁及以上人口的占比为 13.50%，距离国际社会定义的老龄社会仅差 0.5 个百分点。另外，老龄化会导致社会创新创业能力下降与劳动力短缺等问题。2020 年第七次全国人口普数据显示，15~59 岁人口的占比为 63.35%，比 2010 年下降了 6.79 个百分点，我国经济发展的劳动力资源优势不再，用工荒的势头已经显现。尽管低生育水平和人口老龄化是大多数国家面临的共同难题，但在我国又表现出突出的差异性。例如，经济越不发达地区生育率越高，第六次全国人口普查及

2015 年人口抽样的数据显示，新疆、云南、广西、贵州等省份是人口生育率较高的地区。又如，我国一胎生育率显著低于二胎生育率。这表明在现阶段，鼓励生育的政策并未带来生育意愿的提高，生育政策已经不是影响人们生育意愿的最重要因素，而是存在其他影响生育意愿的机制有待揭示。

改革开放以来，中国经济社会发生了巨大变化，原有的经济社会结构不断被打破，经济社会多元化和异质化程度不断增强。一方面，以城市化为典型特征的经济社会变迁，带来了区域非均衡发展格局加剧、社会资本水平逐渐下降、人口的社会流动预期变化；另一方面，城镇化进程中民众的价值观发生了较大变化，传统的物质主义价值观逐渐向后物质主义价值观转变，养老观、休闲观、性别观和幸福感等都在不断变化。这两个维度的变迁是中国社会过去 40 多年来最为根本性的结构转型特征，其势必会对民众的生育意愿产生重要影响。本书的研究目的在于立足中国城镇化发展的动态过程，探讨城镇化过程中的经济社会制度变革与民众观念变化对生育意愿产生了怎样的影响。

随着城镇化进程的推进，人口流动的流量、流向、流速均呈现显著的分异特征，人口流动规模大、流动频繁、流向复杂。家庭成员空间距离的拉大，导致育儿来自家庭的支持减少，对生育意愿产生了较大影响，而户籍制度改革滞后于人口流动，使流动人口无法享受与户籍人口均等的教育、医疗、公共服务，进而降低了生育意愿。改革开放以来，我国城镇化进程快速推进，经济社会发展取得了巨大成就，但也产生了诸多矛盾。

二、研究城镇化对生育率影响的重要性

城镇化是衡量一个国家或地区发展程度、现代化水平的重要标志，城镇化战略是中国特色社会主义道路的重要组成部分。作为贯穿改革发展始终且最重要的关键词之一，城镇化对经济社会发展的影响巨大而深远。国家统计局数据显示，新中国成立之初，城镇化发展处于萌芽阶段，人口城镇化率仅为 10.64%。

2011 年，人口城镇化率首超 50%，截至 2022 年末，我国常住人口城镇化率达到 65.22%。根据城镇化发展阶段理论，目前中国城镇化仍处于快速发展阶段，未来，城市文明仍将加速传播与扩散，城乡发展深度融合，城乡一体化政策效果逐步显现。改革开放以来，在城镇化快速推进的同时，出现了资源大量消耗、环境矛盾加剧、基本公共服务不均等、经济结构失衡、就业压力大、人口城镇化滞后于土地城镇化等一系列问题。现阶段国家深入推进的新型城镇化建设，是在新发展理念要求下，为满足人民日益增长的对美好生活的向往，以创新驱动、协调发展为内生特点，绿色集约为普遍形态，开放共享为道路选择的发展模式。1978~2023 年，人均 GDP 与人口出生率的关系如图 1-1 所示。

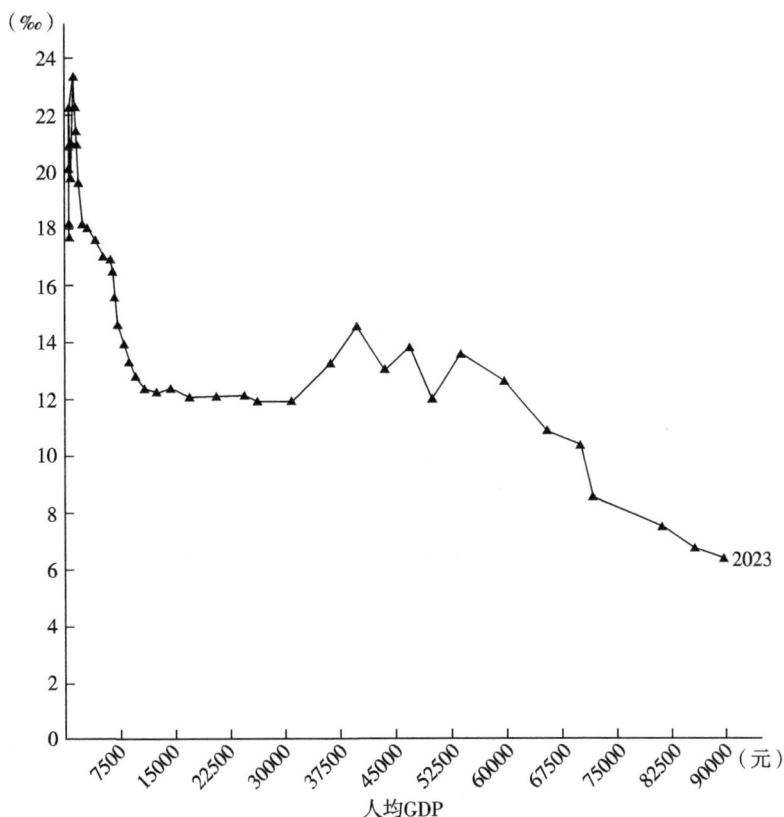

图 1-1　1978~2023 年人均 GDP 与人口出生率的关系

资料来源：国家统计局历年人口、经济数据。

改革开放以来，我国城镇化进程取得了举世瞩目的成就。第七次全国人口普查数据显示，居住在城镇的人口数为90199万人，占比为63.89%，其中户籍人口城镇化率为45.4%，较常住人口城镇化率低18.49个百分点，这表明我国户籍制度改革任务仍较为艰巨。城镇化的外部性主要表现为人口由低效率的农业部门向高效率的第二、第三产业集聚，这有利于促进居民收入增加，提高农业现代化水平，调整需求结构，促进经济高质量发展。然而人口在向城市集聚的过程中，对住房、教育、社会保障等引发的物质性需求，以及群体融入与价值观念转变所产生的精神诉求，是否会对生育意愿产生影响？城镇化是反映经济社会变迁最重要的关键词，城镇化过程涉及人们的收入水平、生活方式、社会保障、文化观念等内容的变迁，对人们的生育意愿势必产生文化性、意愿性、内生性等多重影响。在经历相当一段时期的探索和积累后，中国城镇化发展取得了巨大成就，对人们的生产生活产生了深远影响，城镇化影响生育率的现实逻辑主要体现在以下几个方面。

（一）城镇化促进经济增长，为提高居民生育意愿奠定了物质基础

国家统计局数据显示，新中国成立之初，我国的经济基础非常薄弱，GDP总量不足200亿美元，人均GDP约为23美元，仅为当期美国人均GDP的2.26%。1978年，我国国内生产总值为3679亿元，占世界经济的比重为1.8%，居全球第11位，全国居民人均消费支出151元，城镇及农村居民恩格尔系数平均超过60%。2018年，全国居民人均消费支出为19853元，比1978年实际增长了19.2倍；全国居民恩格尔系数为28.4%，比1978年降低了35.5个百分点。1985~2018年，中国私人汽车拥有量从28.49万辆增至近2.06亿辆，增长近700倍。新中国成立70多年来，我国农业农村发展取得了巨大成就，尤其是党的十八大以来，国家把解决"三农问题"作为经济社会发展的首要任务，然而在新的历史条件下，农业生产率低、农村环境治理差、农民增收渠道匮乏等难题依然严峻，相关数据表明，中国城乡居民收入的绝对差距在进一步拉大，城乡差距已成为制约经济社会纵深发展的结构性难题。农民收入主要来源为农业，市民收入主

要来源为工业和服务业，农业与非农产业劳动生产率的差距是城乡收入差距的根源。一段时期以来，一方面，农村基础设施、公共服务、教育文化资源相对匮乏，对农村居民生产生活产生了较大影响；另一方面，医疗教育文化等投资具有较强的正外部性，而这些资源的不足会对农村地区的长期发展产生制约效应。

要从根本上解决城乡差距的结构性难题，就必须深化制度改革，完善城乡一体化的要素市场，引导要素自由流动，打破劳动、资本、土地从农村到城市的单向流动。土地是农民赖以生存的物质资料，农村土地、房屋等资源变现的渠道无法贯通，农业转移人口承包地经营权、宅基地使用权和集体收益分配权缺乏必要的退出制度安排，阻碍了农业人口向城市有序转移。当前，只有通过构建城乡统一的要素市场、公共服务和社会治理体系，促进城乡要素、产业、生态、文化等内容的全面深度融合，才能从根本上解决城乡二元经济结构问题。

(二)城镇化的快速推进导致高房价、居民幸福感降低，对生育决策产生消极影响

新中国成立后，我国为适应社会主义经济发展的需要，新建了一批工商业城市。1985 年，我国设市建制的城市达到 324 个，城市总人口(不包括市辖县)达到 21228 万。城市基础设施和市政建设取得了很大发展。城市经济在整个国民经济中占有极其重要的地位，并且作用日趋重要。据不完全统计，到 1985 年，设市建制的城市工业总产值占全国总产值的 69.7%，全民所有制独立核算的工业企业的利润和税金占全国相应企业的 79.5%，城市工业企业职工人数占全国的68.3%。2022 年城市数量达到 660 个，建制镇达到 21297 个。受新型城镇化政策的推动，户籍、土地、财政、教育、就业、医保和住房等领域配套改革相继出台，农业转移人口市民化速度明显加快，大城市管理更加精细，中小城市和特色小城镇加速发展，城市功能全面提升，城市群建设持续推进，城市区域分布更加均衡，城市经济的增长极作用越来越明显。

在城市经济高速增长的同时，也带来了高房价问题。1978 年，我国城镇居

民人均住房建筑面积仅为 6.7 平方米，缺房户占城市总户数的 47.5%。2018 年，城镇居民人均住房建筑面积达到了 39 平方米。40 年的时间，中国城市人均住宅建筑面积增长了逾 5 倍，居民的住房条件得到极大改善。在城镇化加速推进、人口快速流动的大背景下，2000~2017 年，城镇家庭住房自有率从 74.1% 稳步上升至 80.8%，处于国际较高水平。改革开放以来，百姓的安居梦正在成为现实。房地产行业已成为中国经济发展的支柱产业之一，在促进经济发展和改善居住环境等方面发挥了重要作用。然而，当前城市高房价泡沫正在降低居民的幸福感，高房价已成为最具社会影响的问题之一。

（三）农民工现象是研究中国生育率问题的特殊社会背景

劳动作为重要的生产要素，极大地促进了城市经济的发展，为城市建设作出了巨大贡献。在新的全球化背景下，低廉的劳动力成本为中国在全球产业链中博得了一席之地，人口红利为中国把握经济全球化发展契机提供了必要的要素支持。改革开放后，伴随着工业化、城镇化和大规模的外资进入沿海地区，在多重因素的共同作用下，大量农民进城务工，出现了一个史无前例的外来务工群体——农民工。

2014 年，中共中央、国务院印发了《国家新型城镇化规划》，将解决好农业转移人口市民化问题作为新型城镇化发展的首要任务。近年来，中国流动人口规模仍处于上升趋势，国家统计局发布的《2018 年农民工监测调查报告》显示，2018 年农民工总量为 28836 万人，比 2017 年增长了 0.6%；外出农民工为 17266 万人，比 2017 年增长了 0.5%。其中，省外就业为 7594 万人，比 2017 年减少 81 万人，省内就业为 9672 万人，比 2017 年增加了 162 万人。这表明，就地就近城镇化已成为新的发展模式和趋势。农业转移人口市民化对促进城乡劳动力自由流动、提高全社会劳动生产力、增加农民工群体收入、扩大国内消费市场，以及维护社会稳定都具有重要意义。统筹考虑城市布局、地域布局和产业布局，从政策、权利、居住、收入、文化等方面进行体制机制设计，使农民工获得身份、工作、公共服务的市民待遇，并最终实现农民工与城市居民融合，与城市文化生活融合，是从农民到流动就业的新移民，再到新市民转变的本质要求。

农民工及其随迁家属在教育、就业、医疗、养老、保障性住房等方面无法平等享受城镇居民的基本公共服务，城镇内部出现突出的二元结构矛盾，制约了城镇化对扩大内需和结构升级的推动作用，也存在社会风险隐患。当前，为实现农业转移人口市民化，应着重完善公共服务制度，深化户籍制度改革，畅通农业转移人口利益表达渠道，建立适应农业转移人口市民化趋势的公共财政分担机制。完善农业转移人口市民化过程中的成本分担和利益协调，一方面要深化户籍制度和土地流转制度改革，完善人、财、物在城乡之间的合理流动，引导农业转移人口较快地落户城市；另一方面要努力实现城乡基本公共服务均等化，实现基本公共服务常住人口的全覆盖，降低转移人口享受基本公共服务的门槛，缩小城乡公共服务水平的差距。此外，国家应积极实行居住证制度等模式探索，使农民工市民化的制度成本不断下降，而住房、教育、医疗等现实成本的增加已成为解决农民工市民化问题新的突出矛盾。农民工问题的根本解决，既要打破户籍制度壁垒，也要降低城市公共服务建设滞后、教育卫生资源紧张、高房价等生活成本等隐性"户籍墙"的影响。

（四）粗放被动的城镇化带来一系列"城市病"，对生育行为产生约束

随着城镇化水平的不断提高，城市经济持续快速增长，城市建设取得巨大成就，开放型经济不断深化，城镇居民人均收入大幅提高。我国城市建成区面积从1994年的17939.5平方千米，增加到2018年的58455.66平方千米，提高了225.85%。截至"十三五"期末，城市建成区面积达6.03万平方千米。1995年城镇固定资产投资为15643.70亿元，2022年全社会固定资产投资为579556亿元，比2021年增长了4.9%。与此同时，城市能源消耗总量增加了253.72%，房地产开发投资额增加了3719.08%。

被动粗放的传统城镇化发展模式造成了资源环境压力加大，供需矛盾突出，

生态环境遭到破坏等问题，城市可持续发展面临严峻挑战。特别是在大城市，交通、自然环境、住房、教育、医疗等环境资源和公共服务的供给无法满足迅速膨胀的人口的需求，以至于出现了各种"城市病"，人多、车堵、污染、房贵、上学难、看病难等现象频发。城市居民在感受到城镇化的"中国速度"时，"城市病"却使居民的生活质量和幸福感并未随城镇化率的上升而大幅提高。城市发展的内在动力源于城镇化过程中要素的空间集聚效应带来的正外部性，但城镇化发展到一定阶段，在城市资源环境的约束下，拥挤效应带来的社会成本、环境成本、时间成本等负外部性便会制约城市发展。转变城镇化发展模式，就必须降低资源消耗和"三废"排放，提高资源配置和土地利用效率，坚持生态优先、绿色发展，推进节能、节水、节地、节材工作，走资源消耗低、环境友好、集约高效的绿色城镇化道路。1978~2023 年，城镇化率与人口出生率的关系如图 1-2 所示。

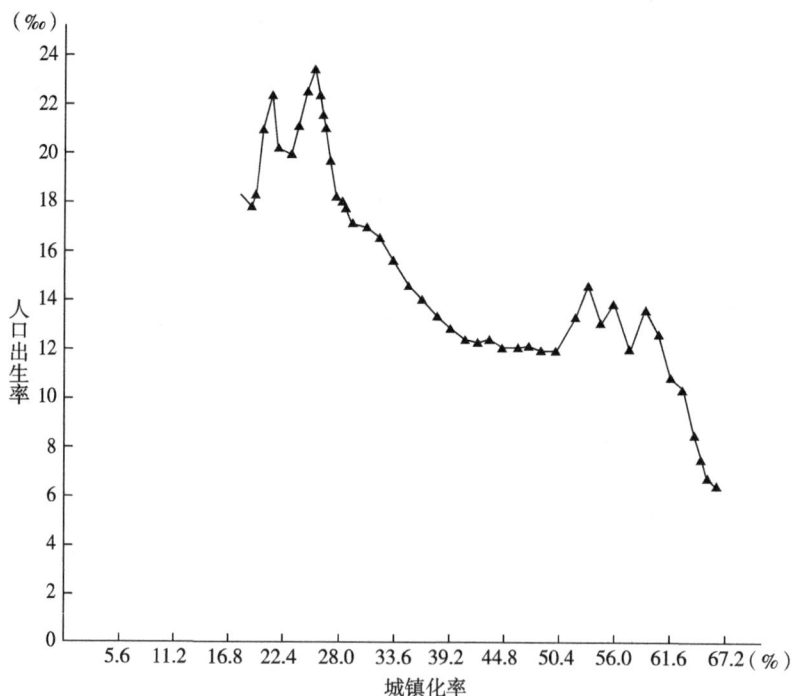

图 1-2　1978~2023 年城镇化率与人口出生率的关系

资料来源：国家统计局历年人口、经济数据。

三、研究问题的提出

城镇化是贯穿我国经济社会发展始终且最为重要的关键词，城镇化的实质是农民由农业生产转向非农业生产、由农村分散居住向城镇集中居住，生活方式也随之发生改变的过程，包含人口的空间转移、身份转变、生活方式转变、社会保障、就业压力等方面的变化。城镇化对生育意愿和生育水平的影响主要有以下几个方面：

一是城镇化带来人口流动，使家庭组织规模和组织形式趋于小型化，由大家庭变成小家庭，由家庭变为个体，养老抚幼功能弱化。

二是户籍制度改革不彻底，导致流动人口社会保障、公共服务、收入水平等方面与户籍人口存在差异，农业转移人口市民化质量不高，进城农民与市民之间的不平等使部分居民想生却不敢生，对生育意愿产生抑制效应。

三是相对于发达国家，我国城镇化历程时间相对较短，产业发展相对滞后，造成教育、医疗等公共服务压力过大，从而影响了个体的生育决策。

四是当城镇化率达到60%以上时，根据城市文明普及率加速定律，城市文明普及率将达到80%以上，同时受城市群、城市圈单身主义、丁克主义等新思想的冲击，新一代年轻人更注重个人的职业规划及生活质量，生育意愿普遍降低。

第二节　理论价值与现实意义

一、理论价值

本书在劳动力市场性别歧视理论、家庭经济分工比较优势理论、人力资本理论等传统劳动经济学，以及工作/家庭边界理论等社会学相关理论的基础上，结合城市与区域经济学理论，构建了具有一定跨学科特点的理论分析框架，并在理论分析的基础上定量分析城镇化对生育率的影响，本书具有如下理论意义。

第一，丰富生育行为的理论基础。在劳动经济学中，关于经济社会发展对生育行为影响的成熟理论体系比较有限，现有理论主要从收入对女性劳动供给和生育决策的影响角度进行解释，而从城镇化对生育行为决策过程及就业稳定性角度的解释比较少。本书在劳动经济学理论基础上，纳入企业/家庭边界理论，丰富了经济社会变迁对生育意愿影响的理论解释，弥补了劳动经济学对生育行为影响过程理论解释的不足。

第二，细化了生育率的影响因素。已有研究主要从生育行为（是否生育）、生育数量两个视角作为"生育"的测量指标，用于研究生育率水平的影响。虽然有研究从理论层面推导出收入效应对生育率有影响，但缺少相关的实证检验。本书结合以往研究经验，采用微观数据开展实证检验，从户口状况、工作状态、教育程度、幸福感、社会压力比较、健康状况、环境问题、城市规模、城市产业结构、城市产业集聚水平等方面，检验城镇化发展对生育率的影响效应，为制定提高生育率的政策拓展了思路。

第三，系统分析了城镇化发展的不同阶段生育率的影响机制。以往关于生育率的影响因素，多是基于劳动经济学、社会学和人口学的基本理论，而从城市经济学视角的研究较为鲜见，城市是现代社会经济和人口发展的主要载体，城市的基本功能和属性对人的发展与生育决策的影响深远，城市经济发展水平为生育提供物质保障，城市公共服务和福利水平为生育提供社会支持，因此深刻阐释城镇化对生育率的影响具有重要的理论价值。

二、现实意义

《中国家庭风险保障体系白皮书（2023）》显示，中国平均家庭户规模不断下降且降幅有扩大态势，单个家庭人口从 2000 年的 3.46 人降至 2020 年的 2.62 人。

其中，单人家庭规模从 2000 年的 2827.34 万户大幅增加至 2020 年的 12549 万户。中国家庭结构呈现小型化、老年化、独居化的趋势。此外。随着人口老龄化程度加深、宏观经济不确定性因素不断增多，以家庭为单位的风险保障水平也亟待提升。

随着我国城市化的不断发展，大量的富余农村劳动力涌入城市，形成了农民工这一规模庞大的特殊群体。2024 年 4 月，国家统计局发布了《2023 年农民工监测调查报告》，2023 年全国农民工总量为 29753 万人，比 2022 年增加了 191 万人，增长了 0.6%。其中，本地农民工为 12095 万人，比 2022 年减少了 277 万人，下降了 2.2%；外出农民工为 17658 万人，比 2022 年增加了 468 万人，增长了 2.7%。年末在城镇居住的农民工为 12816 万人。在外出农民工中，跨省流动 6751 万人，占比为 38.2%；省内流动 10907 万人，占比为 61.8%。分区域来看，在东部地区外出农民工中，跨省流动的占比为 13.8%，中部地区的占比为 51.7%，西部地区的占比为 44.5%，东北地区的占比为 30.9%。其中，本地农民工平均年龄为 46.6 岁，外出农民工平均年龄为 38.9 岁。从年龄结构来看，农民工中 40 岁及以下的占比为 44.6%，41~50 岁的占比为 24.8%，50 岁以上的占比为 30.6%。2023 年，进城农民工人均居住面积为 24.0 平方米。农民工群体中有大部分属于青壮年，他们面临婚姻、生育的重要选择，而生育地便是其中一个困难的选择，即是选择在务工城市生育还是选择返回家乡生育。

完善的公共服务制度能够促进产业聚集，提供更多的就业机会，增加居民人均收入。一般而言，家庭劳动收入水平越高，二孩生育意愿越高，而家庭的经济水平越低，生育意愿也就越低。由于公共服务具有"非营利性"及"非排他性"，家庭可将原本用于教育、医疗等方面的支出用于母婴产品的消费，因此公共服务可以通过间接提高收入对提升生育意愿起到显著作用。此外，相关研究表明，居民公共服务满意度对居民的意愿生育数量和二孩意愿均有促进作用，公共医疗和公共就业对提升育龄群体的"二孩"生育意愿具有显著的促进作用。然而，我国城镇化历程相对较短，产业发展对人口转移的支撑相对不足，教育、医疗等公共服务压力过大，从而影响了个体的生育决策。

随着城镇化发展，以及社会的进步和变革，传统的家庭观念逐渐受到挑战。特别是在城市中，个体更加注重个人成长、自由选择和独立性。这些价值观与传统的婚姻家庭观念产生冲突，导致一些人选择不婚或推迟结婚。经济压力和竞争、房价和生活成本的上涨，使年轻人偏好选择专注于事业发展或选择更灵活的生活方式。在现代社会中，个体更加追求独立性和自我实现，自我满足感和独立性也使一些人更倾向于单身生活。

本书从理论与实证两个方面深入分析城镇化发展对生育的相关变量的实际影响效应及内在作用机制，并形成可操作性的对策建议，为提高生育率提供了新的经验依据，具有重要的实际应用价值。

第三节 研究内容与逻辑结构

一、研究内容

低生育率及少子化、人口老龄化问题已成为我国未来发展必须面对的基本国情，这些问题也必将对实现人口规模巨大的中国式现代化产生重要影响。本书主要关注城镇化这一经济社会变迁的典型特征对生育率的影响机制及其变化趋势。寄望本书的研究成果能够为提高生育率及预测生育意愿变化趋势提供相应参考，并为探讨提高生育率的公共政策和制度设计思路，为促进我国人口可持续发展的政策制定提供理论依据。本书具体的研究内容包括以下几个方面。

第一部分是研究基础，包括第一、第二章。本部分首先阐述研究背景和意义、思路和方法、内容与框架，以及创新之处。其次从两个方面对既有文献进行梳理和回顾：一是生育率的相关文献，主要对生育率的影响因素、提升手段及其经济社会效应展开回顾；二是城镇化影响生育率的相关文献，梳理了理论和实证两个不同维度的研究进展，通过文献回顾为本书提供相应的研究基础和参考。

第二部分是逻辑机制与特征事实，包括第三、第四章。第三章分别从政策与文化、生育成本和劳动力市场竞争、家庭分工与个体人力资本积累的宏观、中观、微观的不同视域出发，对城镇化发展影响生育率的逻辑机制进行深入的系统分析。第四章对中国城镇化发展与生育率的长期变化进行系统梳理，对中国生育政策调控及生育率变化进行宏观描述，对中国城镇化发展的阶段性特征及趋势进行提炼。

第三部分是模型构建与实证检验，包括第五章至第八章。具体涵盖以下四部分内容。

(1)城镇化发展对生育率的影响分析。首先采用 DMSP/OLS 夜间灯光数据测算了城镇化水平，从全国与典型地区两个层面呈现了中国城镇化的时空分异特征。在理论分析的基础上，构建收入水平与生育意愿的模型，从年龄、区域、收入出发，采用二值选择模型和多项 Logit 模型，探究城镇化对多胎生育意愿的影响，采用 PSM(倾向得分匹配法)对相关结论进行进一步验证，通过匹配相似样本，缓解变量之间内生性的影响。为衡量户籍政策冲击的影响效果，以"居民户口"为处理组，"农业户口"为控制组，协变量选取上文所用的控制变量，同时采用四种估算方法对共同取值范围内的观测值进行匹配。最后，针对异地城镇化与就地城镇化对生育率的差异影响进行拓展性分析。

(2)城市产业集聚对生育率的影响分析。基于新经济地理理论，将"产业集聚—制造业成本—生活成本"纳入家庭效用与生育决策的理论模型，推导城镇化发展通过"成本节约效应"和"收入溢出效应"作用于生育行为的理论机制。假设地区家庭效用由该地区的生活成本和家庭生育孩子的数量共同决定，以此构建家庭效用函数。从理论上解释在生活成本对生育率的替代作用影响下，随着城镇化发展，城市产业集聚对生育率的影响，并进一步研究制造业集聚的门槛分组中收入效应的影响路径。

(3)城市公共服务对生育率的影响分析。首先，基于285个地级市面板数据，采用固定效应面板分位数模型，实证检验不同分位数水平下各项城市公共服务保障、地区收入水平及女性受教育程度对生育率的影响。社会保障与生育率呈负向关系，在低分位点时，教育保障对提高生育率产生促进作用；在高分位点时，则产生阻碍作用。医疗、住房、就业、生活综合保障水平在全分位点上都会对提高生育率产生影响。其次，由于流动人口作为中国城镇化发展过程中的特殊群体，规模庞大，对经济社会发展具有深远影响。基于流动人口动态监测（CMDS）数据中的长三角地区数据集，运用Logit模型分析公共服务参与对流动女性生育意愿的影响，同时考虑不同城市规模和不同家庭规模（已有子女数）情况下公共服务参与对生育意愿的影响。

(4)城市福利对生育率的影响分析。首先，从理论层面分析城市福利对生育意愿的影响；其次，运用中国家庭追踪调查数据（CFPS）与中国地级市数据形成的匹配数据，采用HLM分层线性模型，评估城市福利影响生育决策的实际效应，基于经济福利、社会福利、环境福利三个方面，根据城市福利的层级特征甄别城镇化发展质量对生育率的异质性影响。同时，从个体层面检验在年龄、户籍、受教育程度、在职工作与否等因素与城市福利的交互影响下个人生育意愿的选择，以此进一步分析城镇化高质量发展对提高生育率的作用渠道。

第四部分是对策建议与研究展望，包括第九章至第十章。通过前文对城镇化发展影响生育率水平的综合分析，以及对国外女性劳动力市场保护和生育保障相关政策的梳理及评价，提出完善我国城市生育支持的行动策略。从制定政策和法律引导的宏观层面、构建友好的工作和家庭支持的中观层面、树立正确的工作和家庭观念的微观层面，提出更好地抓住城镇化转型发展的契机，提高生育率的政策建议。最后，概括归纳本书的主要内容和结论，并对未来可能的研究方向作进一步探讨和展望。这里将重点结合当前我国城镇化发展导向的转变，探讨县域城镇化模式下低生育率的应对，基于县域经济社会发展基础、资源环境禀赋及文化肌理，探索县域城镇化模式下家庭及个人生育决策机制，以及应对低生育率的政策取向。在此基础上，提出城镇化转型发展背景下有效提高生育率的相关对策。

二、逻辑结构

新中国成立以来，我国社会经历了巨大的社会变革和快速的现代化转型，这种急剧的社会变迁深刻地影响了宏观层面的政策和制度变革，以及微观层面的个人文化观念。政策制度和文化观念是影响生育率的重要因素，近年中国的生育率显著下降，如图 1-3 所示。在政策因素方面，国家执行的独生子女政策在很大程度上降低了生育率。此后，实行的"全面两孩"政策则在一定程度上提高了生育水平。同时，相关制度性因素也会对民众的生育意愿产生显著影响，如社会阶层流动感知、社会保障体系等均会影响生育意愿。在现代化发展过程中，影响生育水平的政策制度性因素中的政策性因素正在逐渐减弱，同时，文化观念已逐渐成为影响生育水平的重要因素。例如，在我国实行计划生育政策初期，多生多育的生育观念仍然根深蒂固，"超生游击队"现象大量存在。改革开放后，经济的发展促进了人们生育观念的改变，为应对生育率下降的严峻形势，国家相继出台了

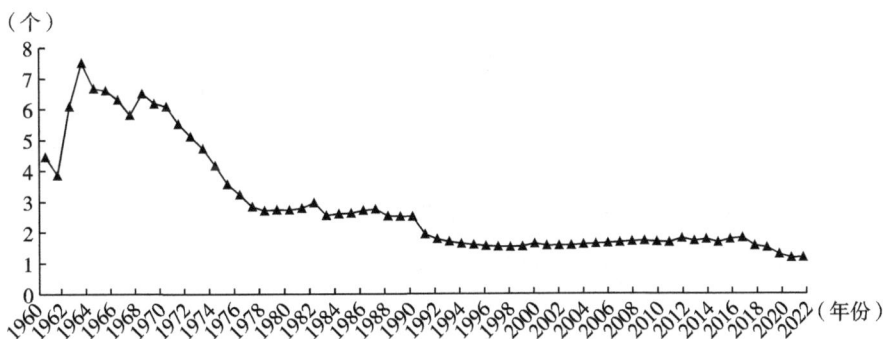

图 1-3 1960~2022 年我国总生育率(女性人均生育数)

"单独二孩"、"全面两孩"政策及三孩政策，但生育率在有所回升后又出现了衰退趋势（见图1-4）。为什么国家生育政策放松了，人们的生育意愿却不断下降？这证明了除政策制度外，经济社会因素与人们的价值观也在发挥重要的作用。

图1-4　2010~2021年我国年出生人口

政策对人们生育意愿的影响会随着社会的发展逐渐降低，社会制度性因素和文化观念则对生育意愿发挥着越来越重要的作用，而制度政策因素和文化价值观因素又受到社会变迁和结构转型大背景的影响。在社会制度性因素中，伴随社会变迁过程和社会结构转型，经济不断发展，民众之间的信任关系重新调整、社会预期的流动有所改变、社会公平感有所降低、社会保障制度得以发展改进。同时，人们的幸福感、休闲价值观、性别观和养老观都在随着城镇化进程的推进而发生变化，以上因素都会独立地对生育意愿产生影响。另外，作为制度变革因素的经济发展是中国现代化进程中最主要的驱动力，在与政治、社会、文化之间的关系中，其对社会制度因素和社会观念都会产生影响，进而对生育率和生育意愿产生间接影响。在此逻辑下本书将探讨城镇化进程对生育率的影响。本书的结构框架如图1-5所示。

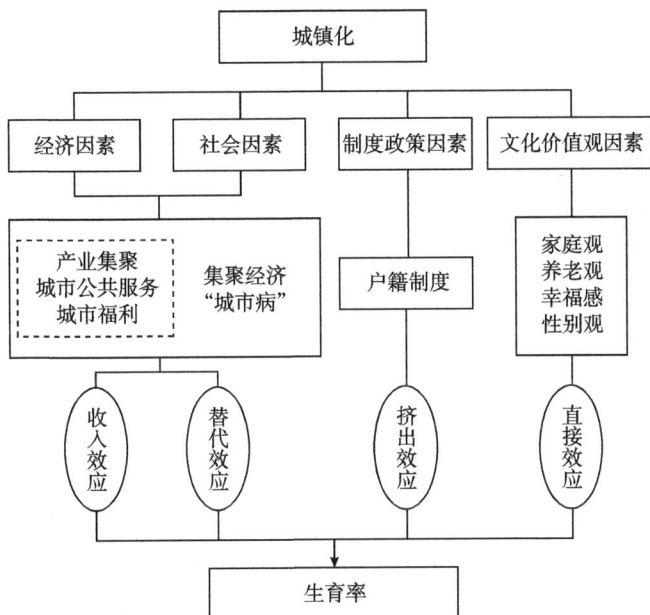

图 1-5 本书的结构框架

第四节 研究方法与研究思路

一、研究方法

(一)规范研究

(1)理论归纳。查阅和梳理现有中外文献,总结归纳已有的城市理论,提炼出能够刻画城镇化特征的核心命题,并将城镇化特征进行概念化、操作化处理,使之成为可测量的多维度内容;总结有关经济社会制度变革和文化转型的概念、特征、维度及其评价指标体系的既有研究,分析现有研究的优势和不足,界定本书对生育率的理解及影响效应检验方法。

（2）理论演绎。城镇化影响生育率的理论分析，演绎不同城镇化水平、不同城镇化模式对生育率变化的影响机制，构建城镇化发展与生育率的理论框架，为研究提供理论基础。

（3）焦点小组法。针对本书涉及的一些重要问题，如制度变革和文化转型的特征界定及概念操作化处理方法、生育意愿的界定原则及测度标准、制度变革和文化转型影响生育意愿的发生机制、影响生育意愿变化的相关策略等问题，在特定的范围内邀请专家学者、业界人士等，以一种无结构、自然的形式与参与者深入交谈，从而获得对上述问题的深入理解。

（二）量化分析

（1）数据整合。本书将使用中国城市数据、中国综合社会调查数据（CGSS）、中国家庭追踪调查数据（CFPS）、中国流动人口动态监测数据（CMDS）等微观调查数据，运用 HLM 分层线性模型、二值选择模型和多项 Logit 模型、双重差分方法（DID）、工具变量法、合成工具变量法等计量方法实证检验城镇化发展对生育率的影响效应及其作用机制。

（2）回归分析。根据理论分析框架建构分层模型，考察城镇化过程中产业集聚、城市福利、城市公共服务等因素对生育率的影响。构建多元回归模型、路径分析模型、多层回归模型、交互效应模型等，揭示城镇化影响生育率的直接效应及中介效应。

（3）异质性分析。本书将考察不同户籍群体、不同年龄群体、不同职业群体、不同职业身份群体、不同城市规模、不同城市福利水平等细分领域对生育率的异质性影响。

（三）定性分析

定性分析主要为结构访谈和归纳演绎法。本书将通过小型问卷调查和结构性访谈，对本书的实证结果进行检验。同时，本书主体部分的研究和关于政策建议部分的讨论和总结将使用归纳演绎法，根据前文定量和回归分析中的相关发现，总结其背后机制并归纳其中的规律。同时，通过前文的经验研究，本书将提炼出针对提高生育率的配套政策和措施。

二、研究的技术路线

首先，本书在系统梳理相关文献，以及对现实问题进行深入分析的基础上，构建城镇化影响生育率的理论框架。对城镇化和生育率的长期变化趋势进行分析，基于灯光数据测算的城镇化水平对生育率进行回归分析，并进一步对户籍城镇化影响生育意愿进行实证检验。其次，从产业集聚、城市福利、城市公共服务三个方面对城镇化影响生育率进行机制检验。最后，基于实证结论和发达国家生育政策，提出提高我国生育率的政策建议。本书的技术路线如图1-6所示。

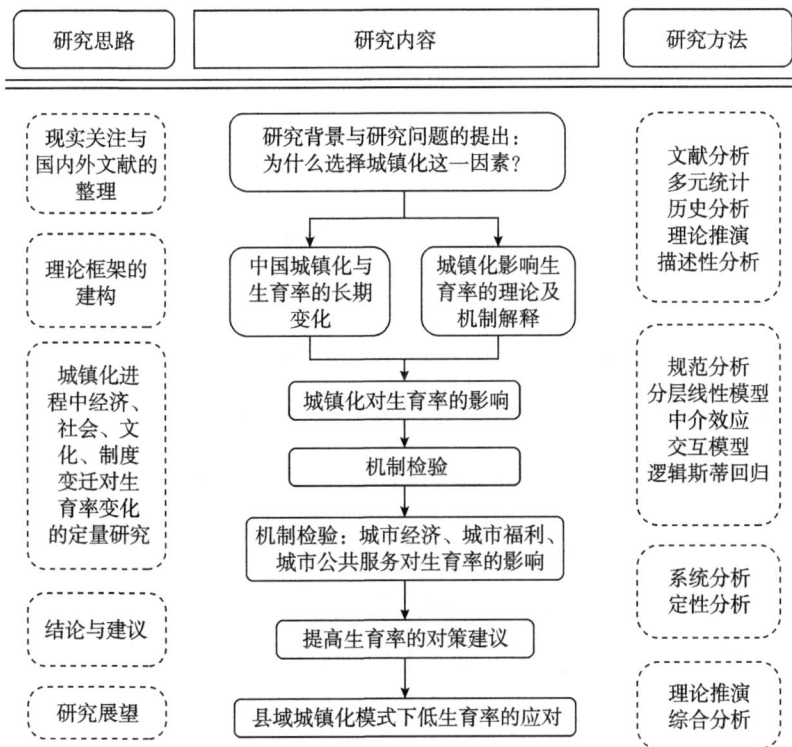

图1-6　本书的技术路线

第五节　研究创新与局限

一、研究创新

第一，在研究视角方面。现有的关于生育问题的理论研究更多的是静态分析，并主要聚焦于特定背景下生育率的现状研究，这样的研究理论不足以完全解释生育率与生育意愿的动态变化。改革开放以来，中国社会处于快速城镇化转型过程之中，中国的经济政治社会体制和文化价值观都在不断地变迁，这是中国社会有别于西方社会的一个结构性特征。城镇化这一深刻的结构转型对生育率产生了深远影响，本书将构建城镇化影响生育率的动态理论解释框架，并实证讨论城镇化进程中产业集聚、城市福利、城市公共服务对生育率的动态影响机制。

第二，在学术思想方面，本书高度聚焦于中国城镇化转型发展和低生育率的典型事实和新发展阶段的时代特征，从理论和实证两个层面系统探究城镇化发展是如何影响中国家庭生育行为的，这种交叉学科的研究视角，不仅拓展了生育问题研究的视角，同时也为中国城镇化高质量发展和摆脱低生育率陷阱提供了新思路。本书认为，城镇化是中国经济社会文化变迁的典型特征，在新的时代背景下，城镇化的高质量发展是满足人民对美好生活的向往，提升居民生育意愿，提高全社会生育率的重要抓手。城镇化发展对提升城市产业集聚、城市福利、城市公共服务均具有显著的促进作用，进而对提高生育率产生积极影响。同时，城镇化发展对不同地理区位、不同阶段特征、不同收入水平个体的生育决策影响具有显著的差异性，应根据地区、阶段和人群的特征与现实，制定科学合理的政策措施。

第三，在研究思路方面。现有研究更多的是关注个人因素对生育率的影响，或多集中于经济发展的某个或某几个维度与生育率之间的回归分析，而未将国家社会结构变化视为影响生育率变化的根本性因素。本书提出，生育率作为处在一定社会背景下的人的意愿，将必然受到其所处的城市单元内经济社会发展的约束和影响，要想完整理解生育意愿的现状及其变化趋势，就必须考虑作为根本性因素的城市功能和属性的影响。据此，本书将从城镇化视角出发，探讨作为外生的制度性因素和作为内生的文化价值观对生育率的影响机制，并进一步探讨生育率变化特性的公共政策和制度设计思路。

第四，在研究方法方面，本书运用数理分析、计量分析、统计分析等多种方法，系统性研究城镇化发展影响生育率的内在机制与经验证据，不仅具有方法选择上的合理性，而且具有综合运用上的创新性。

二、研究局限

其一，影响生育率的因素较为复杂，除了经济社会制度和文化因素，还存在其他影响生育意愿的关键因素，这有待于以后进一步研究，未来可以检验各因素的交互作用对生育率和生育意愿的影响，以及在城镇化进程中经济社会制度通过影响文化因素而对生育意愿的影响。

其二，在实证研究中关于变迁趋势的分析所采用的数据时间跨度少于20年，用来分析生育意愿变迁趋势存在不足，因此本书的相关研究结果有待于日后形成更长的时间序列数据后予以验证补充。

第二章 城镇化影响生育问题的研究现状

第一节 生育率影响因素的相关文献梳理

一、经济发展因素对生育率的影响

生育水平下降是宏观社会经济发展水平提升与微观个体经济压力双重叠加作用后的效果。西方国家的经济与人口出生率经历了一个错综复杂的发展过程。在前工业革命时代，技术进步仅提升了人口数量，却未提高人口生活质量，社会处于高出生率、高死亡率和低人均收入的"马尔萨斯陷阱"之中。第二次工业革命以来，西方发达国家率先进入现代化转型过程，经济发展造就了规模最大、速度最快的工业化和城镇化进程，教育逐渐普及，同时各个国家的社会结构都经历着巨大的变化，西方国家开始出现了生育率和生育意愿下降的趋势（Frejka and Sobotka，2008）。这一方面是由于经济发展后科学技术的进步和女性受教育程度的提高，另一方面是由于社会结构变迁后对人力资本标准的更高要求。

综观国内发展情况，生育意愿与实际生育率的偏移逐渐成为常态。社会主义与市场经济的高水平结合驱动了经济快速发展，同时也对人们的生育意愿产生了重要影响，并逐渐成为影响生育意愿的根本原因（陈宇、邓昌荣，2007；贾志科，2009）。以双峰偏好家庭（生育两个孩子或不生育孩子的家庭）为例，社会经济发展能够有效提高家庭收入水平，同样对双峰偏好家庭的生育抉择和所占比例起到正相关作用，进而影响社会总体的生育意愿和生育行为（李铮，2010）。梳理已有文献发现，基于收入这一视角对居民生育意愿影响的研究相对丰富。家庭收入奠定了抚养孩子的物质基础，收入水平是影响家庭生育决策的关键变量。在短期内，经济发展实现了家庭收入增长，提高了家庭抚养能力，进而提高了人们的生育意愿，对人口增长率产生显著影响（李佳，2016）。然而从长期来看，生育观念从数量向质量转变，导致人口增长率与经济发展水平之间呈负相关关系（张效莉等，2006）。这与近年来我国生育率总体情况相符，在经济水平较高的北京、上海、广州等地区生育率反而显著低于贵州等经济落后地区，这表明基于经济发展背景下的收入单一视角无法全面解释目前的低生育率现象。

相关学者的实证研究同样为中国低生育现象提供了新的证据。喻晓和姜全保（2010）发现，不同地区的经济社会发展水平对总和生育率转变的影响存在显著区别。陆杰华等（1995）基于四个山区经济欠发达县的经济、社会、人口等研究样本发现，农民家庭的富裕程度同其期望生育的子女数有一定负相关性。人均 GDP 与人们的理想子女数呈显著的负相关关系，经济发展水平发达地区人们的理想子女数显著少于欠发达地区（侯佳伟等，2014）。缘何经济发展与生育意愿相背离？首先，经济快速增长与城乡居民收入的普遍提高，使民众养老能力大大增强，参与养老保险的比例增加，进而在很大程度上代替了家庭养老，养儿防老的生育动机减弱，进而导致生育意愿降低（陈欢、张跃华，2019）。其次，经济发展带来的城市化进程加快，社会经济发展和产业结构转型创造了大量的就业机会及适合女性的工作岗位，而生育孩子会对女性工资收入和升职等产生消极影响，因此职业女性通常会压抑自己的生育意愿（李芬、风笑天，2016）。另外，社会转型伴生的其他因素也会影响生育意愿，如人口流动加剧、社会竞争日益激烈、物价上升、社会保障和安全感不足、婚姻与家庭关系稳定性危机、抚育子女成本较高、个体偏好与生活方式变化等都会降低人们的生育意愿（郭志刚，2010；胡荣、林彬彬，2020）。

二、政策制度因素对生育率的影响

西方国家生育意愿的变化在很大程度上是受到经济社会发展等因素的影响，中国的生育意愿变化则更为短促和激烈，更多的是受到国家政策的影响。中国的各项政策深受现代化发展的影响，在社会发展的不同阶段会出台不同的政策。国家政策作为具有法律效力的强制性法规，会直接影响人们的生育选择，其他学者在研究生育意愿影响因素时，也都会基于政策环境进行分析。中国实行的计划生育政策对人们的生育意愿影响巨大。1980年，中共中央发表了《关于控制我国人口增长问题致全体共产党员、共青团员的公开信》，要求响应国务院的号召，每对夫妇只生育一个孩子，推动国家改变贫穷落后的进程。独生子女政策由于与多项利益挂钩，因而在实施过程中未遭遇到很大阻力，人们的生育意愿开始降低。众多研究生育意愿的学者也指出了计划生育政策对生育意愿影响的重要性。例如，贾志科（2009）从宏观社会层面出发，认为计划生育政策是影响生育意愿的决定性因素。庄亚儿等（2014）的研究得出了我国居民的生育意愿受到生育政策抑制的结论；风笑天和张青松（2002）认为，在严格的人口政策控制下，我国的生育率有了迅速下降，生育意愿发生了巨大的转变，居民的理想子女数也有了明显下降。21世纪初，由于面临生育率下降的现实和为了缓解人口老龄化现象，国家相继出台了"单独二孩"和"全面两孩"政策，在一定程度上提高了人们的生育意愿（乔晓春，2014）。同时，为积极应对人口老龄化，国家于2021年5月又出台了"三孩政策"。乔晓春（2014）认为，"单独二孩"政策，释放了以往政策执行比较严格、生育率比较低地区的生育意愿，如发达省份的城市地区，但这对西部省份，特别是民族地区的人口生育刺激力度相对较小。有学者预测，"单独二孩"和"全面两孩"将大幅提高人们的生育意愿，促进生育，然而在政策实施的前两年取得效果之后又出现了衰退。此后，新生人口和新增人口数量的下降，说明政策促进生育的推动力在逐步下降（谭雪萍，2015）。对于"一胎化"政策实施后进入婚育年龄的城市居民来说，政策生育数有可能就被他们视作理想子女数（张亮，2014）。对生育意愿影响的政策不仅局限于生育政策，土地分配、婚姻登记及下岗失业等政策都会影响人们的生育意愿（陈友华、胡小武，2011）。此外，中国是少数可以利用户口因素影响生育意愿的国家，有研究认为户口性质是影响妇女生育意愿的重要因素之一，但没有具体说明户口的影响力度（向华丽、李波平，2010）。另一项对山东的研究表明，在"单独二孩"和"全面两孩"政策之前，户口对家庭生育意愿有所限制，但在新的人口政策消除农业与非农户口生育条件差别之后，户口就不再是影响生育意愿的重要因素，相较于文化程度、婚姻、年龄等造成的生育差别大于1的数值而言，户口造成的差异要小得多，仅为0.06～0.08（张晓青等，2016）。

此外，相关制度特性如制度效率、公平程度和制度的稳定性等都是影响人们生育意愿的重要因素（卢秋佳等，2018）。社会公平感知反映了人们对资源占有和分配的总体评价和感知，公平的资源分配不仅能满足人们对公平待遇的渴望，也能满足人们对生育的认同（卢秋佳等，2018），因而会直接影响人们的生育意愿（张琳，2018）。在现实生活中，教育资源、公共服务资源和住房资源等是人们在进行生育选择时的重要参考指标，对这些重要资源的分配是否公平将显著影响人们的生育意愿（魏炜，2020）。实证研究表明，育龄人口的生育意愿会通过公平感知影响生育动机进而影响生育意愿（茅倬彦、罗昊，2013）。社会资本也会对生育意愿产生影响，并通过社会网络、凝聚力和信任等要素发挥作用（张若愚，2019）。信任在很大程度上意味着社会关系网络的稳定性和凝聚力（谢耘耕等，2017），高度的信任会强化人们在其中的身份感和归属感（吴帆，2020），因而人们更愿意在这种高信任度的社会中生育子女（李昀东，2020）。

社会流动也会影响人们的生育意愿（王殿玺、陈富军，2019）。这种影响可能呈现两种不同效果：一方面，社会毛细血管理论认为，人们向上的社会流动需求会降低生育意愿，因为养育子女会增加向上流动的负担和成本，人们为了提升个人或家庭的社会阶层地位，实现向上的社会流动会压缩自己的生育意愿，甚至会延迟和控制生育行为；另一方面，拥有更多财富和更广泛社会网络的家庭，会将更多的资源用于扩大家庭规模以巩固家族优势上。此外，社会建设和社会保障制度对生育意愿也会产生重要影响。近年来，我国开始大力加强社会建设，社会保障和社会福利制度建设已取得了实质性进展，福利水平稳步提高。在城乡二元体制下，完善基层公共服务配套体系，特别是与生育密切相关的公共教育、医疗卫生、社会保障、劳动就业、住房保障等配套服务与生育意愿密切相关（魏炜，2020）。同时，社会保障制度会对个体生育决策和总和生育率产生影响的结论也被大量研究证实（王天宇、彭晓博，2015）。完善的社会保障制度使家庭养老逐渐向社会养老转变，依靠子女养老的传统观念将慢慢淡化（张川川、陈斌开，2014）。

三、文化价值观因素对生育率的影响

文化价值观涉及指引人们日常决策和行为的各类价值观，因而对人们的生育意愿也具有重要影响。文化价值观对生育意愿的影响可以包含以下几个方面。

1. 婚姻家庭观对个人生育意愿发挥着重要作用

20 世纪 60 年代初期以来，西方发达国家和大多数发展中国家的生育意愿发生了很大的变化，婚姻家庭观念的转变是导致生育率持续下降的因素之一（Bongaarts，2002）。在现代社会，婚姻家庭的目的更多体现为家庭成员间的互相陪伴、彼此情感寄托等心理因素的诉求，传统的生育孩子、改善经济等作用相对弱化（齐麟，2001）。对配偶的教育情况和学历的要求会影响人们的生育意愿，配偶教育程度越高越会抑制其自身的二孩生育意愿（魏炜，2020）。在择偶过程中，较少能自由抉择，更加看重父母意见的人其生育意愿较强，因为年长者在生育观念上通常更倾向于早生、多生；在择偶过程中更加看重浪漫爱情因素的人，更加认同"孩子是爱情的结晶"，其生育意愿更高；在择偶过程中，更加注重物质基础的人，会对生育成本和育儿成本做过多的考量，致使其生育意愿更低（蒋建梅、左怡，2017）。婚姻观同样影响个人的生育意愿。首先，认为传宗接代是缔结婚姻的重要目的的人更倾向于生育，而认为婚姻的功能并不仅在于繁衍后代，孩子对婚姻关系的满足感没有上升到一定程度的人，其生育意愿相对较弱。其次，对未来子女的过多期望也会影响生育意愿。对二孩意愿的研究表明，如果第一个孩子没有达到父母的期望，则会影响父母的二孩意愿，生育意愿提高的原因是设想二孩能够产生替代效应；如果一孩满足了父母的幸福感，那么生育二孩或三孩的意愿就会减弱，其效用因人而异，并具有不同程度的边际递减。

对婚姻质量的看法也会影响生育意愿，但影响方向未达成一致。通常认为婚姻幸福的人生育意愿更高，对于婚姻和谐的人群而言，在经济条件允许的情况下，为了稳固伴侣关系，维持自身幸福感，在生育一孩之后，可能会渴望拥有更多的孩子（朱明宝、杨云彦，2017）。此外，初婚年龄越高，生育意愿越低；有离婚经历的夫妻生育二孩的意愿更低；离婚和再婚之间的时间过长，也会影响生育意愿。家庭观对生育意愿的影响主要表现在对大家庭的认同、亲子养育和父母照料的认知方面。首先，祖辈及家人的支持能提高生育意愿（吕碧君，2018；祝宏辉、陈贵红，2017）。由于女性特别是农村女性，在家中承担更多的照顾子女生活起居的责任，若有人能够帮忙照顾孩子，她们更愿意生二孩（方大春、裴梦迪，2018）。其次，亲人的家庭规模及其示范效应也会影响夫妻生育选择。兄弟姐妹数越多的越愿意生育二孩（周云，2016），这与调查对象的成长环境有关，在成长环境中更多地感受到来自家庭的温暖的人其生育意愿更高（李思成等，2017）。妇女生育意愿与其家庭地位有关，生育决策是在既有资源条件下女性同家庭内部成员为获取家庭收益最大化而进行谈判的结果(姜天英、夏利宇，2019)。在家庭分工中，男女关系更为平等，增加父亲在儿童保育和家务方面的投入能显著提高女性生育二孩的意愿。

2. 生育观念与养老观对生育意愿的影响显著

从影响中国生育水平的因素及其变化过程来看，家庭成员的生育观决定着人们的生育行为(刘卓、王学义，2021)。如马良等(2016)发现，重男轻女观念和性别偏好直接关系着家庭的生育意愿，如果一孩是女孩，部分家庭会有再生二孩的意愿；如果一孩是男孩，家庭生育二孩的意愿会有所降低。改革开放后，随着经济社会发展和人们文化水平的提高，个人的人生观和价值观也发生了改变，现代生育观念的进步使人们认识到生育的目的不再是养儿防老，因而人们的生育意愿也相应降低。中国传统社会一直存在"养儿防老""多子多福""尊老爱幼"等观念，这种观念和养儿防老的制度安排受到了宗教文化的影响。同时，传统的儒家文化和农业大国的地位也决定了中国历来崇尚多子女的大家庭观和多子多福的生育观。在这种文化观念的影响下，养育子女被赋予了传宗接代和养儿防老的家庭和社会功能，在没有健全的社会养老体系和社会保障的情况下，人们会有更高的生育意愿(宋亚旭、于凌云，2017)。另外，现代化和经济发展也带来了人们养老观念的转变，并主要通过社会保障制度发挥作用。有研究表明，健全的社会保障制度能够部分替代家庭的养老功能，分担老年人口的养老担忧，减少父辈对子女养老的期待，进而使家庭生育男孩的意愿减弱，同时人们"养儿防老"的传统观念也会减弱(张翼，1997；张兴月、张冲，2015；王天宇、彭晓博，2015)。

第二节　城镇化影响生育率的相关文献梳理

一、城镇化发展与中国社会变迁

社会变迁是指从个人及国家在各个层次上的社会现象的改变，它是一个不断发生的现象合集，但在现代社会表现得更为强烈。学术史上对社会变迁的理解主要有四类理论：一是进化论，认为社会变迁是从简单到复杂、从低级到高级、从分散到集中并不断适应的过程，变迁的因素是宗教、道德或技术等。二是冲突论，认为社会变迁是一个固有的过程，变迁来自社会冲突，而社会冲突来自社会结构。三是结构功能主义理论，认为社会变迁是社会界限的破坏和均衡的修复过程，变迁来自社会系统内部的张力或外部因素，如人口迁徙、战争、技术变革等。四是社会心理学，认为人的活动构成了社会变迁的本质，人的行为改变会促进社会变迁。上述理论对社会变迁的内涵与发生机制的论述各有侧重，但对推动社会变迁的影响因素是共识的，其涵盖了现代社会发展所形成的重要事实，包括经济发展、工业化、城市化、教育大众化、职业分工、社会流动、通信发展、人口流动、技术进步、文化(价值观)变迁等方面。中国的社会变迁过程同样遵循此规律，但与西方发达国家不一样的地方在于其发生过程更为迅速激烈，经历了快速的工业化和现代化转型。一方面，体现在经济体制转型，即从计划经济体制向市场经济体制的转变；另一方面，中国社会发生了巨大的社会形态转型，即从传统社会向现代社会转变、从封闭社会向开放社会转变、从专制社会向民主法治社会转变、从伦理型社会向法理型社会转变、从同质性社会向异质性社会转变、从身份社会向契约社会转变等。另外，中国社会变迁最大的特征在于社会结构上发生了全面的社会结构转型，形成了中国社会的丁字形（李强，2005）或断裂形（孙立平，2003）或橄榄形（陆学艺，2011）等结构性特质。学者也对这种社会结构转型的特征进行了归纳，如孙立平（1994）将中国社会变迁特质总结为"总体性社会"向"分化性社会"转型；李友梅（2008）认为，中国社会领域核心变化是从"总体性社会"向"复调社会"转变；陆学艺（2002）认为，中国社会根本性的改变是阶层加速分化和中产阶层不断壮大；李路路（2019）认为，中国社会转型的根本特征是分化和流动等。

改革开放前，我国是强国家弱社会的发展模式。改革开放后，国家与社会的关系开始重构，社会的自由空间开始出现并不断扩大，社会的相对自主性开始形成。这种从总体性社会转到分化性社会的结果主要表现为两类。

其一，国家社会功能分化导致的社会异质性增强，如出现各类不同群体、组织和阶层等，社会身份、社会阶层和职业类型趋于复杂化。改革开放前，新中国的成立确立了不同所有制的身份系列，如阶级身份、城乡居民身份、"干部"与"工人"身份及所有制身份等，这种身份制的确立一方面保障了社会稳定，另一方面人为地限制了人员的自由流动。然而城乡经济体制改革使各类身份类别都开始松动，"先赋性"因素开始逐渐让位于"后致性"因素。同时，制度改革也使社会组织的形式发生较大变化，由改革开放前国家统一计划管理的"单位制"管理模式逐渐向基于契约基础上的独立运营模式转变，所有这些因素都导致了社会异质性的不断扩大。

其二，社会利益分化导致的社会不平等加剧。市场经济体制的确立使市场的自发秩序占据了主导地位，各生产要素和人力资本要素开始自由流动，以效率和经济为导向的市场原则使人际之间的差异和不平等程度加剧，民众的收入、社会地位差异越来越大。尽管社会分化会造成社会不平等等一系列后果，但从整体上看，社会分化是不断推动社会变迁的动力，也是衡量一个国家现代化程度的标尺之一。概括来看，中国社会变迁的本质特征是国家和社会关系的变化，并体现在社会生活的方方面面，在宏观上表现为城市化、工业化、文化世俗化等结构性变化，在微观上则表现为民众价值观的形成或变化，如社会规范逐渐解体，一元化的意识形态变迁与多元化价值观并存等方面，是社会制度结构转型和民众价值观形成与变化的一场深刻变革。

二、城乡制度对生育率的影响

新中国成立以来，我国社会经历了剧烈的社会变迁，社会也经历了快速的工业化和现代化转变，由此带来了方方面面的变化，其中对人们影响最深刻的是各类社会制度的变革。制度变革是社会系统的自我完善和自我发展，其变化的原因主要在于现存社会制度与社会发展不相适应，其既可以通过自上而下的自我改革来实现，也可以通过自下而上的民众需求来驱动，更可以通过两者共同作用。新中国成立之初，我国迅速确立了快速工业化的发展战略，创建了主要由国家—单位保障的社会保障制度，建立并完善了以城乡分割为主要特征的户籍制度。随着土地改革和公有制改造在全国基本完成，在经历多年战争后社会经济开始逐步恢复，工业化水平取得了不错的进展，这一时期我国处于以农业为主的工业化发展初期。20 世纪 60 年代我国工业化发展进程放缓，整个社会结构和各经济部门陷入失序状态，各项指标出现了停滞，各项制度被否定和废止。改革开放以来，我国在经济领域率先实施改革，建立了家庭联产承包责任制，确立了以经济发展为中心的发展战略，各项社会制度得以恢复，社会经济取得了前所未有的发展，人民生活水平显著提高。1992 年以来，我国进一步确立了市场化在经济发展中的主体地位，经济体制改革也迅速延伸到其他社会领域，现代化进程逐步加快。伴随着社会经济的现代化，新中国成立初期确立的户籍制度和与之相联系的城乡二元体系的社会结构开始松动，人口流动规模与城市化水平迅速提升（齐亚强、牛建林，2012），社会流动渠道增加，国家与社会共同保障的社会保障制度开始逐步建立。同时，伴随社会变迁的也是政治结构转型的过程。在政治层面，宪法的权威性获得了提高，政治制度化、法律化、透明化、民主化程度在提高（王邦佐，2003）。在政府治理层面，政府职能从经济型政府转向服务型政府，行政管理体制由"一元管理"转变到"多元治理"（俞可平，2019）。制度改革是适应不同时代背景下社会发展的必然要求，在很大程度上带来了经济的迅速发展和人民生活水平的提高，同时，伴随着改革的深化和生产要素的自由流动等，也出现了各类社会问题，如贫富差距加大、社会异质性和社会分化过程加快，进而对人们的生育意愿产生了进一步影响。

生育意愿的变化具有鲜明的历史性，在不同的历史条件下有不同的表现形式。同时，生育意愿的形成和变化也受到多种环境因素的影响，不同时期的政策法规和社会经济制度等都会对生育意愿产生影响。传统的中国社会由于经济发展、传宗接代等制度和社会性因素，有多生的观念和需求。首先，从经济制度来看，在农业社会和前工业社会，经济发展以农业为主，这种发展模式是典型的"经济合作社"，社会分工不够发达，个人收入水平有限且具有很大的不稳定性，需要更多的劳动力来维持生产，因而人们偏向更多的生育。其次，从家庭和社会功能来看，传统社会强调"不孝有三，无后为大"及"养儿防老，积谷防饥"等，生育承担着种族绵延、延续香火及重要的养老功能。另外，在生育性别偏好方面，受家庭经济制度安排的影响，"男主外，女主内"是中国传统性别观念在家庭领域的集中体现，即强调女性的责任是相夫教子、做丈夫的"贤内助"，男性的责任则是为家庭带来经济收入和社会地位，因而传统社会一直存在的重男轻女观念会更偏向于生育男孩。近代以来，民众的生育意愿在很大程度上受到国家政策的影响，并在一定程度上随国家政策的变化而变化。

新中国成立前，我国的经济发展、社会结构和文化观念都相对较为平稳，人们的生育意愿与传统社会无较大区别，生育意愿变化较为缓慢。新中国成立后，随着社会经济的持续发展和不同阶段的主要发展目标，国家相继出台了相应的生育政策，人们的生育意愿也随之发生变化。从 1949 年至今，生育政策可以大致分为自主生育阶段(1949~1978年)、计划生育政策干预阶段(1979~2013年)和完善生育政策阶段(2014年至今)(刘卓、王学义，2021)。新中国成立后不久，国家摆脱了长期战乱，出于快速恢复和发展经济的目的，劳动力成为重要的稀缺资源，这个时期国家实行了鼓励生育的政策，因而生育水平得到较大幅度的提高，人们的生育意愿显著增强。20世纪70年代，我国总人口突破8亿，人口与经济发展的矛盾日益突出，国家开始强调控制人口的重要性，在1973年首次提出"晚、稀、少"的生育政策。20世纪70年代末，针对我国人口多、底子薄、耕地少的特点，为了使人口与经济社会、资源环境协调发展，国家开始把人口问题放到国民经济和社会发展的全局中进行考察和处理。1978年开始，我国通过提倡实行计划生育政策来干预生育行为，以控制人口过快增长。1979年，我国在各个城市开始推广"独生子女"计划生育政策。在这个阶段，计划生育的宣传教育开始全方位展开，法律法规和政策措施得到全面贯彻执行。在政府计划生育政策的强力推行下，计划生育政策深刻地影响了人们的生育意愿(罗天莹，2008)。在严格的人口政策控制下，我国居民的理想子女数有了明显下降(风笑天、张青松，2002)。人们开始转向谋求最理想的孩子，产生了以"以质量求数量"的生育战略转变，形成了强烈的优生心理(程刚，1993)。在经历了从高生育率向低生育率的转变之后，我国人口发展的主要矛盾不再是人口增长过快，而是人口出生率低、老龄化严重、性别比例失衡等问题。

2003年，在东南沿海地区出现的"民工荒"已蔓延到全国各地且愈演愈烈，由此引发了关于中国"刘易斯拐点"的学术讨论，生育政策调整及相关议题通过公共舆论的发酵与论战逐步达成若干共识。2013年12月，我国出台了"单独二孩"政策，并于2014年在全国实施；在"单独二孩"遇冷后，我国于2015年12月出台了"全面两孩"政策，从2016年开始在全国实施；新政策出台后，新出生人口并未出现明显增幅。2020年，我国出生人口为1200万，人口出生率为8.52‰，总和生育率降至1.3，已低于国际人口警戒线，出生人口数和出生率都降到1949

年以来的最低值。为应对生育率逐年下降、少子化及人口老龄化的现象，我国于 2021 年 5 月出台了"三孩政策"及相关的配套支持措施，以进一步鼓励人们生育。"三孩政策"的出台是国家因时度势的决策，也是国家对当前人口形势的最新回应。但"三孩政策"出台的背景是生育意愿的持续低迷，这种政策效应能在多大程度上提高人们的生育意愿，同时这种提升效应能维持多久都有待时间检验。很多学者认为把新中国成立以来人们生育意愿的改变仅归因于计划生育政策，而忽略了经济社会制度的作用，这在理论上和实践上都是不妥当的。例如，姜全保和李晓敏（2013）认为，经济社会发展是影响人们生育意愿的基础，计划生育政策起到的只是加速作用。

三、城市文明普及对生育决策的影响

中国社会的结构性变迁，其本质特征是国家社会关系的变化，在宏观上表现为市场化、城市化、全球化等结构性变化；在微观上则会影响民众价值观的形成或变化，包括从集体主义向个人主义、从道德主导到利益主导、从一元文化到多元文化、从理想主义到世俗化等多个面向的转变（廖小平、成海鹰，2005）。价值观的变迁势必会影响到身处社会变迁中的个人心理及其行为，并进一步影响到社会发展。发展中国家都经历了生育水平显著下降的过程，其中不乏生育率下降后长期保持在低水平的国家。目前，调查显示，中国已经进入低生育率国家行列，且生育水平保持在更替水平之下已有近 30 年（陈蓉、顾宝昌，2020）。一个国家或地区人口的整体生育水平是由每个个体的生育行为集合而成的，同时，生育作为处在一定社会背景下人的行为，它既是个人意识的体现，更是社会变迁的映射，势必会受到其所处的社会结构的影响，同时也在一定程度上影响着社会的发展。在改革开放以来，我国社会发生了巨大的社会变迁，其中各项制度和生育政策等都发生了较大改变，为研究中国社会各类现象提供了很好的试验场和机遇（杨善华、赵力涛，1996；孙立平，2005）。制度作为影响人们行为的外部因素，在不同时期和不同环境下都是影响个人行为的重要因素；在以往对生育意愿的研究中，文化价值大多作为社会背景出现或仅被作为参考变量（吴莹、张艳宁，2016），而较少作为独立因素被研究，在实证研究中更是缺少文化价值观对生育意愿的系统探讨。事实上，文化的影响广泛存在，并与正式制度共同影响个人的意向和行为选择（卢晖临，2015）。对文化价值观的考察具有重要的现实和理论意义。

价值观是一个综合性概念，既包括狭义的价值立场，也包括对中国社会的各种认知、评价、态度、立场等范畴。价值观在类别上分为两类：一是政治价值观，包括政治信任、公民意识、政治效能感、公共政策评价等；二是社会价值观，包括社会信任、对中国社会的认知、生活质量及幸福感自我评价、道德意识等。价值观在性质上分为两类：一是传统价值观与世俗理性价值观，二是物质主义价值观与自我表达价值观。价值观变迁是指在传统社会向现代性社会的转型过程中，民众的观念、认知、态度所发生的变化。新中国成立以来，中国社会的结构转型不仅包括是经济、政治、社会结构的变迁，也包括社会价值观的变迁。在趋势上，中国社会的经济发展、现代化进程等因素将推动传统价值观向世俗理性价值观、物质主义价值观向自我表达价值观转变，这与罗纳德·英格尔哈特（Inglehart，2013）的现代化理论预示相一致。但由于中国社会的复杂性，如巨大的区域发展差异等宏观因素，以及个体差异等微观因素的影响，价值观变化并不是一个线性过程。关于变迁社会中影响价值观变迁的因素主要分为三类，分别是人口学特征因素、主观因素和宏观社会结构性因素。在人口学特征因素中，影响价值观形成或变化的关键因素是教育程度、职业、人口代际更替、户口；在主观因素中，制度绩效评价、收入满意度、政治效能感、个体幸福感、社会流动自我评价、传统价值观的遵从程度等是影响价值观形成或变化的显著因素；在宏观社会结构因素中，制度变革、经济绩效、资讯获取方式、社会流动、城市化、人口迁移、文化嬗变等因素是影响价值观形成或变化的关键结构性因素。影响价值观形成或变化的并不只是社会变迁中的某个或某几个显性因素，实质性影响因素是伴随中国社会变迁所产生的中国社会结构变化。

价值观不仅与人们的日常生活息息相关，也是影响人们行为决策的最直接的因素，随着社会变迁，价值观的变化会进一步作用于人们的生育意愿，价值观的变化在个人领域主要表现为主观幸福感和婚姻家庭观念的变化等。在传统的中国社会，出于情感价值的考虑，以光宗耀祖、子孙满堂为美满，子女在家庭中占有重要的位置，"多子多福"成为人们信奉的准则。在这种价值观的影响下，大家庭成为人们的理想，世代同堂、儿孙满堂是中国人衡量家庭幸福的重要标准之一。进入现代社会后，随着经济社会的发展和人们观念的进步，男女平等被不断强化并逐渐成为共识，家庭性别分工观念开始动摇（许传新、高红莉，2014）。同时，随着生产力的发展和生产方式的变革，大多数家庭基本摆脱了低收入的威胁，家庭作为缓解收入风险的社会功能逐渐减弱，情感功能的作用日益凸显，人们对生育的考虑将更少基于经济功能，而更多出于情感价值需要（陈凌等，2011）。

进入21世纪以来，广东一直走在我国经济建设和发展的前列，人民的生活水平和生活质量得到了很大提高。然而研究发现，即便是比较发达的经济和基础设施也很难从根本上转变广东农村居民长期以来偏好生育男孩的传统观念（风笑天、张青松，2002）。这在一定程度上证明了传统生育观念不容易受到外部因素的影响。茅倬彦和罗昊（2013）通过实证分析发现，如果社会所认同的主流是每个家庭生育一个孩子，那么当政策开放允许人们生育二孩时，人们仍然会受到社会规范和已有观念的影响，有很大的可能性会放弃生育二孩。但是，近几十年来，中国社会发生了剧烈的变迁，这在较大程度上影响了人们的生育意愿。有研究发现，随着城市与农村的交流增多，人们的生育观念发生了一定变化，年轻时就由农村流动到城市的人口，由于观念和知识体系等仍处于较快发展期，可塑性强，加上接受城市文明的机会增多，所在城市的文明会对其包括生育意愿在内的许多方面产生直接或间接的影响，当他返回农村时，这种影响将依然存在（谢永飞、刘衍军，2007；宋亚旭、于凌云，2017）。另外，时代的进步和发展也使年轻人拥有独立的经济收入和较高的文化水平，人们开始重视对孩子进行教育投资，保证孩子的教育质量，人们对孩子数量的偏好开始逐渐让位于对孩子教育质量的偏好（罗天莹，2008）。此外，随着经济社会的发展和人们观念的进步，性别平等被不断强化并成为基本共识，人们对子女的性别偏好也逐渐发生了变化。概括来看，在我国传统社会，受传统观念的影响，民众的生育意愿较高，进入现代社会以来，传统观念仍然对人们的生育意愿存在一定的影响，但是性别平等观及现代化带来的其他观念都导致人们的生育意愿逐渐下降。

四、人口流动迁移对生育率的影响

城镇化导致的经济社会发展是生育率转变的根源所在。现有研究中多数学者认为推进城镇化对生育水平有负向影响。快速城镇化的进程，虽然提高了居民收入，但同时增加了生活成本，更是极大地抬高了生育成本（周立群和周晓波，2016）。具体来说，就是随着城镇化水平的提高，物价上升，养育子女的成本升高，教育成本、人力资源的投入成本更高，丁克、不婚等新观念的传播，节育药品的普及等都导致生育意愿的减弱（封进等，2020）。社会保障制度随着城镇化的发展在不断完善，但是由于养老逐渐走向了社会化，人们对生育收益的期待降低，生育意愿下降（Kimura，2009；Schoonbroodt，2014）。有学者分别考察了常住人口、流动人口、户籍人口、城镇化率对生育率的作用机制及差异，认为城镇化是促进我国生育率下降的重要原因（戈艳霞，2015）。也有学者采用 CHNS 数据和倾向评分匹配方法发现，中国的城镇化从根本上改变了家庭生育观，进而导致生育水平下降（倪国华和蔡昉，2015）。还有学者通过对比城镇化中的拥挤效应和规模效应，分析了城镇化过程中生育水平下降的作用机制（Sato，2005）。例如，城市化要通过城乡婚姻家庭的差异、生育决策等中介环节才能对生育观产生影响（李晓娥等，2009）；如果国家在缺乏配套性生育支持政策的情境下推进更高城镇化水平的发展战略，短期内可以通过劳动生产率的提高促进经济增长，但随着生育率降低，人口红利转为人口负债，实际 GDP 增长率将会更低（杨华磊等，2020）；城镇化率与生育率负相关，但与生育政策相衔接的社会经济政策比生育政策本身更重要（柳如眉、柳清瑞，2020）。

人口流动迁移是影响生育率的重要机制。发达国家的城镇化经验表明，农业人口向城市转移并最终实现市民化是普遍性的规律和不可或缺的环节。农业转移人口是指从事第一产业的农业人口，由农村向城市转移并成为城市居民的过程（尹海燕，2021），从而衍生出农业转移人口市民化的概念，即农业转移人口的身份转换，以及社会保障、政治权利等方面享有和城镇居民同等待遇，生活方式逐渐融入城市环境的过程（王跃，2018）。然而，城镇化效应一方面实现了以城市为增长极的增量和规模发展，另一方面诱发了城市病及城乡结构性矛盾（Albouy，2009）。

城市作为一个复杂的经济系统，其内部所包含的经济、社会、资源、环境等各方面的承载力共同决定了城市的可持续发展状况（李嘉欣等，2021）。有限的城市资源只能提供一定量的就业水平和社会福利，因此大部分农村居民受限于户籍门槛，无法享受同等的市民化服务（刘静、张锦华，2021）。与此同时，农村转移人口长期面临迁移带来的城市社会结构问题（徐延辉、邱啸，2021），收入差距扩大、城市资源如何有效分配，以及环境恶化给居民带来的健康问题，均会对居民生育意愿产生直接或间接的影响。尤其是城市高房价对居民生育率产生了显著的负向作用（曹信邦、童星，2021；林梅，2019）。学术界对农村转移人口是否抑制生育意愿的研究主要有两种：一是干扰假说，认为在短期内迁移行为对心理及生理产生作用，进而造成生育数量的降低和生育的推迟（莫玮俏等，2016；Hervitz，1985）；二是适应性假说，认为迁移人口能够较快地适应并接受迁入地的生育规律（Stephen & Bean，1992）。

第三节 文献评述

新中国成立以来，中国社会发生了剧烈的社会变迁过程，不仅包括社会结构和制度的深刻变革，也包括人们价值观的更新换代。制度变革和文化价值观的发展变化又进一步影响了人们的生育意愿。在宏观制度结构和政策变革方面，生育政策的调整能够最直接地影响人们的生育意愿，包括新中国成立初期的鼓励生育的政策到后来的计划生育政策，以及再后来的"全面二孩"政策和三孩政策等。同时，市场经济体制的改革、户籍制度的调整、社会保障体系的建立、公费医疗制度的改革、大学毕业分配工作制度的调整等，都影响了人们的生育意愿。在价值观方面，随着社会经济的快速发展，人们的价值观也发生着从物质主义向后物质主义变化的过程，如从传统权威向理性权威的转变，生存价值观向自我实现价值观的转变，人们开始逐渐更为重视休闲价值、自我价值等的实现，进而也会对人们的生育意愿产生影响。

关于生育意愿的研究在最近几十年也受到越来越多学者的关注，但学术界目前对生育意愿的研究大多关注微观层面的因素，如个人的受教育程度、家庭经济收入等。但中国社会最大的特征是社会转型，如蒂利和塔罗（2010）指出，对任何复杂的社会过程加以解释均包括三个步骤：对过程的描述、将过程分解为一些基本的原因、将这些原因集合为过程是如何发生的更一般的论述。据此，要想完整地解释社会变迁影响生育意愿形成或变化，不仅要揭示特定因素（如个人受教育程度、年龄、婚姻等）的影响机制，更重要的是须从社会结构层面揭示其因果机制。中国社会正在经历急剧的社会变迁，在这一过程中民众的生育意愿和生育行为选择会不断形成并变化，这对于中国的社会发展将产生深远影响。生育意愿一直是人们关注的重要话题，并与生育率紧密相连。各项调查数据都显示中国的生育率在不断下降并持续走低。长期的低生育率会导致一系列社会问题，如人口老龄化、年轻人才和劳动力短缺、社会生产力下降、社会风险升高等，从而给社会治理和经济可持续发展带来严峻的挑战。

中国作为一个人口大国，人口基数较大，人口的增长对社会各类资源都造成较大压力，因而在很长一段时间内，国家对人口增长采取抑制措施。而现实情况是，一方面，民众的生育意愿不断下降；另一方面，国家对生育率走低的趋势估计不足，出台的各类促进生育的政策未能缓解生育率降低的趋势。因而从学术上对生育意愿下降这一问题进行研究，探讨出有利于提高生育率的相关政策建议显得尤为必要。同时，在微观层面，生育意愿与每个个体直接相关。婚姻的幸福、理想子女的生育、家庭结构的稳定、家庭功能的有效实现等都是民众最关心的民生问题，并且将直接影响家庭成员的幸福和福利。在宏观层面，生育意愿与国家发展密切相关，且作用于社会的和谐与稳定，是国家可持续发展的重要因素。作为个体和社会的连接点，对生育意愿的了解既可以透视个体的行为与理念，也可以把握社会的演进。此外，生育意愿的变化还会影响家庭的生产与消费行为，进而影响市场需求。例如，是否生育小孩对教育市场、房地产市场、家庭耐用消费品市场、城乡土地规划、资源与环境等都会带来截然不同的影响。因而，若要对生育意愿研究有整体性的了解和把握，就必须立足整个宏观社会结构。据此，本书将重点考察社会制度与文化变迁对生育意愿的影响，并主要关心和研究以下问题：社会变迁会带来怎样的制度变革？社会变迁对文化价值观变化意味着什么？政策制度变革和文化观念的变化对生育意愿会产生怎样的影响？这种影响随着时间发展又会产生哪些变化？对这些问题的回答必须基于对当前中国的社会变迁大背景进行整体把握。同时，对社会变迁中生育意愿的研究已成为当今时代构建和谐社会和中国特色社会主义的必然课题。

本书通过系统回顾制度变革和文化价值观变化等相关文献，为研究我国生育意愿影响因素及其变化奠定了较好的理论基础。现有研究文献主要在以下几个方面值得借鉴。

首先，研究视角的多样性。一是经济视角。经济学中的"经济理性人"假设，通过"成本—效用"计算来分析人群的生育意愿和生育行为等，在市场经济条件下有一定的说服力。二是文化论视角。众多研究认为，文化习俗和文化压力是影响人们生育意愿的重要因素，这对解释不同社会背景下不同人群的生育意愿具有很好的启示意义。三是功能论视角。持该立场的学者试图说明人们的生育行为基本都是为了实现表意性功能和工具性功能，或经济物质性和精神心理性作用。四是社会心理学视角，该理论从微观个人心理出发，分析影响人们生育意愿的心理层面因素，充分考虑了作为人的行为的主观性。五是结构论视角，其更多地关注影响人们生育意愿的宏观因素和社会结构规范等，对于比较不同国家和不同背景下人们的生育意愿具有较好的指导意义。在实际的研究中，并非所有研究都明确地提出了自己的理论框架或理论视角，但都或多或少隐含着上述一种或几种理论视角。

其次，研究对象和内容的多样性。现有的研究考察了不同年龄群体和特定身份群体的生育意愿变化，取得了丰硕的研究成果。在国际研究中，不仅有跨国流动群体的研究，也有关于少数族裔的研究；在国内研究中，既有关注城乡居民生育意愿的对比研究，又有对于青年群体、独生子女、流动人口、少数民族等特征人群的专门研究。在研究内容上，已有研究既呈现了生育意愿研究维度多元化的状况，又展现了生育意愿影响因素多样化的特征。同时，理论研究具有科学性。这种科学性不仅是越来越多的研究者使用问卷调查等定量方法，以及综合运用定量和访谈的研究方法，而是研究所遵循的方法论更加科学合理。研究者意识到单纯地批判传统文化有些苛求前人，因此他们采用了历史主义的科学态度，在特定背景下去寻找生育意愿变化背后的影响因素。

总体来看，尽管探讨生育意愿变化已成为重要议题，并且已取得了一定的研究进展，但现有研究中仍存在一些争议和不足。归纳来看，在生育意愿研究的相关文献中，较多研究使用的是地方性调查问卷或截面数据，缺乏动态和长时间的追踪数据，这就使研究结果缺乏代表性和普遍性；同时，大多数研究者只是探讨了某一单一因素对生育意愿的影响，同时对数据结果只是做了简单的描述性分析，而未将研究结果上升到理论高度。综观目前关于生育意愿的相关研究，在三个方面还有待进一步深入。

（1）解释生育意愿变化的理论支撑不足。为什么在不同的时期中国民众的生育意愿会产生变化？其背后最根本的理论基础是什么？目前的研究更多的是聚焦于某些具体的因素对生育意愿的影响，如个人的家庭收入、职业、年龄、宗教信仰、教育程度、社会保障等对生育意愿的正向或负向作用，其结论也仅止步于对数据结果的呈现和总结，而没有具体地将社会时代背景和生育意愿变化的背后机制性因素拿来进行探讨，因而未能形成系统的理论性的关于生育意愿的分析。现代化理论提供了一个很好的理论分析工具，阐释了从传统社会向现代社会转变的过程中，社会、政治、经济、文化、教育等各方面的发展变化，并突出价值观转变带来的社会变革，这对生育意愿的研究具有较好的启示意义。据此，本书将借用社会变迁和现代化理论来解释生育意愿的变化发展。

（2）生育意愿变化的动态因果机制有待进一步解释。完整解释社会变迁中生育意愿的变化，不仅需要解释特定因素对其的影响，更重要的是从时间维度去解释其动态变化机制。生育意愿的研究可以有水平研究和趋势研究两个视角，前者是某一时点上的横断面研究，后者是反映持续变化趋势的纵向研究。欧美国家由于具备完备的社会调查体系，开展了持续的、大样本的纵向追踪调查，已经有了非常深入的研究。目前，国内开展的生育意愿的研究多为水平研究，纵向追踪研究明显不足，且集中于探讨生育意愿形成或变化的单向度静态影响，因而需要更多大样本的全国性调查数据和追踪数据，以期确立"社会变迁—制度变革和价值观形成或变化—行为（或意愿）变化"之间可确信的动态因果机制。本书将在社会变迁背景下从制度变革和文化转型两个方面展开理论建构。社会变迁理论强调以个体行动者为中介，来解释社会宏观变量如何影响了个人的动机和选择，而这些个人行动又如何进一步影响和改变了宏观变量。生育意愿作为个人的一种基于认知的观念，会显著受到社会变迁和社会结构等的影响，同时也会反过来影响社会变迁的进程。

（3）就地城镇化和异地城镇化对生育意愿的影响效果需进一步考察。研究城镇化发展进程与生育水平之间的关系，不仅会直接影响未来生育政策调整和人口长期均衡的发展，而且是做好未来产业布局、资源配置、福利安排等重要工作的基本依据。已有文献较多的是从劳动供给、经济增长、代际关系等方面研究其对生育意愿的影响，涉及生育率的文献也多以预测数据为主，因此针对城镇化对生育水平造成影响的文献极其稀缺。

学者从经济、社会、心理、环境等多个维度对生育意愿进行了研究，这些文献为本书奠定了理论基础，但仍存在以下几个方面的不足。

一是已有研究往往局限于单一维度，缺少多维度之间的系统考察，选取城镇化这一视角，科学地将经济、社会、文化、环境等内容纳入统一的分析框架，这有助于全面客观地对生育意愿的影响因素进行系统分析。二是已有文献多以城乡二元结构对立的户籍数据进行实证研究，针对户籍改革政策对居民生育意愿的影响的研究较为鲜见，同时，对于不同群体生育意愿的差异性分析亦不足。三是长期以来学术界关于城镇化发展模式问题未达成共识，大城市路径下的异地城镇化与小城市路径下的就地城镇化哪个更适合当前发展现状的相关研究较为缺乏，而专门针对不同城镇化发展模式对生育意愿的影响研究，在现有文献中也尚未发现。鉴于此，本书通过对户籍城镇化影响生育意愿进行的机制分析和数理模型分析，为后面的实证检验奠定理论基础。并通过对微观数据的分样本回归，考察户籍城镇化对不同地区、不同群体生育意愿的影响效果进行检验，以期找到我国"低生育率陷阱"的原因，进而为相关学者和决策层研究制定统筹经济社会可持续发展、促进三孩配套鼓励政策，实现人口长期均衡发展提供边际贡献。

因此，在一个全新的历史背景下，重新审视生育意愿的现状、变化趋势及其影响机制，探究变迁和传承与生育意愿的关系，对于有效预测未来生育水平乃至对中长期人口总量及人口老龄化过程的预测都具有重要的现实和理论意义。本书将重点阐述城镇化进程中社会变迁视角下的制度变革和文化价值观对生育意愿影响这一逻辑链条，弥补以往研究中的单一研究视角；同时，利用长时间的微观调查的大样本数据进行分析，对育龄群体生育意愿变化的动态因果机制进行解析，并结合个案访谈对数据结果予以验证，从而立足于研究中揭示的发生机制与影响机制，探讨符合生育意愿特性的公共政策和制度设计思路。

第三章 城镇化影响生育率的理论基础

第一节 城镇化影响生育率的相关理论

一、家庭分工比较优势理论

19 世纪中叶到 20 世纪中叶，资本主义经济迅速发展，人口也迅速膨胀，为解释这种现象，马尔萨斯提出了关于人口增长的经典理论，他将孩子归为正常的物品，并假设父母对孩子的需求弹性为正向，据此认为人口会持续呈指数增长。但在 20 世纪末，人口增长趋势出现了大转折，发生了和平环境中人口的零增长或负增长，经典的人口理论解释不了这种现象。为了对这种现象进行解释，各种理论纷纷应运而生。贝克尔(Becker)是芝加哥学派的代表人物之一，擅长用经济学的方法来分析人类行为。贝克尔和刘易斯扩展了经典的生育经济模型，提出了量—质理论模型，指出孩子被认为是为父母提供效用的耐用性消费品，父母在进行生育抉择时会在两个维度上进行衡量，即他们面临在孩子的数量和质量之间做出效用最大化的权衡。数量指养育孩子的个数，质量则指教育儿童所需要的人力资本。在他们的模型中，家庭收入水平的提高通过替代效应导致了生育率的下降，即经济技术的增长导致人力资本需求增加，从而通过质量与数量的权衡导致生育率的降低。

此外，Leibenstein(1975)提出了边际孩子成本效用理论。他最早用成本和效用的方法来分析人口问题，开创了家庭规模的成本效用分析方法。在该模型中，孩子成本包括家庭对孩子的抚育和养育的资金及时间，其中又分为直接成本如生育和抚养一个孩子直到其完全独立所花费的各种费用，以及间接成本如生育一个新增孩子所需要牺牲的工作机会和收入等。生育孩子的效用是指父母从生育孩子中所获得的满足感和收益。其中包括消费效用、劳动—经济效用、保障效用、经济风险效用、维持家庭地位效用等。边际孩子效用则代表生育最后一个孩子的效用。Leibenstein 从"理性经济人"假设出发，将家庭生育的行为看作一种理性的经济行为，遵循效用最大化原则，是否生育小孩取决于生育小孩的边际成本和边际效用的比较，当边际成本小于边际效用时决定生育小孩；反之则不生。同时，Leibenstein 指出，无论是生育孩子的直接成本还是间接成本都随人均收入的提高而上升，而孩子的边际效用随人均收入的提高而递减。Leibenstein 用经济学的方法给生育行为作出了一个比较好的尝试，但在实行生育行为中，各类成本和效用并不能被很好地测度和衡量，同时，人们的生育行为也并不完全是一种理性行为。家庭/劳动力供给理论也对西方国家的生育率降低给出了解释。Galor 和 Weil(2000)认为，在工业革命的第二阶段，生育率与人力资本需求之间会出现内生关系。具体来看，经济发展导致的工人人均资本的增加会增加女性工资，女性相对工资的增加会降低生育率，因为这会增加女性花在孩子身上的时间。低生育率导致工人资本进一步增加，进而会强化这一过程。因此，低生育率和收入增长相互加强。这一理论充分考虑了女性生育的机会成本和母职成本，具有一定的解释力。但随着经济危机等一系列经济发展不可控因素导致的影响，低生育率也不必然导致工人资本的增加，因而这可能并不是一个无限循环。另外，家庭代际财富流理论也试图解释生育率现象。

1982 年，考德威尔(Caldwell)在《生育率下降理论》(*The Theory of Fertility*

Decline)一书中提出了财富流理论模型。他认为，生育率变动的根本原因在于代际财富流在不同社会的差异，造成财富流差异的重要原因在于家庭代际关系的现代化革命和教育的重要作用，即生育率变动的原因在于家庭内部经济结构的变化。他指出，历史上存在两种财富流，在原始社会和传统社会，财富流向是单向向上的，即子辈财富流向长辈，孩子的价值在于年幼时的劳作和成年后的家庭支撑及照料；在工业社会和现代社会，财富流动方向逆转，增加了父母对子女的物质和感情投入，净财富流是由长辈流向子辈，所以人们通常选择少生育，由此导致生育率降低。总体而言，家庭经济学范式从经济角度出发，充分考虑了作为"理性经济人"在生育孩子时的各类衡量和计算，这对西方国家生育率降低具有一定的解释力，但生育是一个复杂的现象，其不仅受到经济因素的影响，还受到各类社会规范和价值观等的影响，因而不一定是完全理性的行为。

二、结构主义范式

结构主义范式更加关注宏观层面的影响因素，如经济、政治、文化、制度等对生育意愿和生育行为的影响。工业革命后生育意愿的转变因素主要聚焦于城市化、工业化和现代化。后现代社会生育意愿的影响因素则更多地在于文化价值观、宗教文化等价值系统（Lesthaeghe，2010）。结构主义关于低生育意愿的分析主要形成了三类视角，分别是女性赋权说、文化代际传递说和社会网络说（吴帆，2020）。女性赋权说认为，现代化和经济发展带来的女性经济独立、女性受教育程度的提高和政治权利共同促进了女性赋权，这也是导致女性生育意愿下降的重要因素（McDonald，2000）。该假说认为，女性地位的独立和个人主义倾向会使其更多地进行自我考虑，相比那些受传统的以家庭为中心的性别角色的女性来说，她们的生育意愿更低（Miller&Pasta，1995）。文化代际传递假说认为，父辈的生育文化会影响到子辈的生育价值观。子辈在感受到了父辈的低生育意愿后，也会受其影响而减少自我的生育意愿，即子辈在生育意愿减少的社会环境中也形成了低生育意愿(Sobotka，2009)。社会网络说认为，社会环境、社会规范和社会期望会影响到个人行为(Weber，1978)，生育行为作为个人的一种行为，也受其影响(Philipov & Glickman，2006)。具体来看，社会网络机制包含社会压力、社会濡染、社会规范和社会支持等关键因素(吴帆，2020)。该假说认为，社会网络通过社会学习、社会支持和社会影响三个机制对生育意愿发挥正向积极影响(Lois & Becker，2014)。其原因在于社会网络成员遵循基本的信仰和规范，由于强烈的归属感和身份认同，个人对群体经验会更多地给予认同和分享，因而群体中的主流生育观念会对社会成员产生重要影响(吴帆，2020)；当个人与群体规范不一致时，个人则会感受到群体压力(Lois & Becker，2014)；社会学习也可以在个人决策不确定时给予帮助，群体成员的互动可以形成参照效应，从而鼓励更多的人采取相同的行为和生育决策(Keim，2009)。总体而言，结构主义范式充分考虑了处在一定时代背景下人们的生育意愿，更多地对影响人们的社会规范和价值观进行了考量，与家庭经济学范式形成了较好的互补。

三、社会心理学范式

人类的生育行为涉及人的心理意愿和行为决定，因而与人的心理密切相关。心理因素对生育意愿和生育行为的研究最早可以追溯到 20 世纪 70 年代，其中主要形成了三种重要理论，分别是计划行为理论、接合行动理论和动机序列理论。

计划行为理论(Theory of Planned Bahavior)最初是一种解释人类行为的理论(Ajzen，1991)，后来被用于研究生育意愿。计划行为理论主要将生育行为看作被计划影响的行为，并主要受三个因素的影响，分别是对生育孩子的成本效益估计的生育态度、对家庭和社会成员的看法与个人控制生育的主客观能力(Ajzen & Klobas，2013)。计划行为理论强调理性计算，认为生育是经过审慎思考后的理性行为，这与 Leibenstein 的成本效用理论较为相似。但是在现实生活中，很多人并不能够完全做到理性生育。也有学者认为，计划行为理论过多地强调个人中心视角，而较少把物质因素和激励考虑在内，导致理论解释力不足（Morgan & Bachrach，2011）。

接合行动理论（Theory of Conjunctural Action）弥补了计划行为理论的缺陷，该理论强调大脑神经特质，并将宏观结构性因素与微观个人心理相结合来分析生育行为，认为生育行为不仅受特定的社会环境规范所影响，同时也具有路径依赖性，受个人生命历程的影响，在个人角色与社会结构规范之间互动产生作用。因此，个人的生育行为在很多情况下是遵循个人心理意愿来进行的，同时也存在潜意识或习惯性意识来影响生育行为（Balbo & Mills，2013）。

动机序列理论（Traits-Desires-Intentions-Behavior Framework）强调个人性格对生育意愿的影响，认为生育意愿是一个包含三个步骤的复杂决策过程。首先需要生育的一般动机，即关于是否生育的倾向；其次是中间动机，是一般动机的具体形式，激励一般动机转换为生育或者不生育的意愿；最后是特定动机，即生育价值观，直接与生育期望密切相关（Miller & Pasta，1995）。Miller（2010）指出，从最初的生育期望到一般动机再到实际的生育行为包含三个转换，即首先由性别角色特质转化为是否生育的愿望，其次由生育愿望转化为生育意愿，最后由生育意愿转化为是否生育的行为。社会心理学范式既考虑了生育的理性计划行为，也考虑了作为人的行为的生育意愿受到个人心理因素的显著影响，比较符合现代人的生育理念，但它过多地强调微观因素，对影响生育意愿的宏观结构性因素关注较少，而结构性因素对发展中国家的生育意愿影响尤为重要。

四、人力资本理论

生育对女性劳动力市场表现的影响可以对生育决策进行一定的解释。早期的人力资本理论是基于家庭效用函数模型的解释，即为了实现家庭效用的最大化，根据家庭分工的比较优势，女性预期自己在生命周期内参与劳动市场的时间要少于男性，或者会将更多的时间投入家庭劳动中而更容易从劳动市场中退出，进而导致女性人力资本贬值或降低人力资本投资的市场回报率，如果女性预期到这一点，在一开始便可以选择较少的人力资本投资。早期的人力资本模型，主要揭示了女性由于人力资本投入量少于男性而引起的人力资本回报率的贬值。随着人力资本模型的拓展，Polachek(1981)认为，收入不仅与人力资本的量有关，还与人力资本的类别有关。为了分析人力资本类别与职业获得的关系，Polachek(1981)引入了一个表示职业特征的享乐主义指数(Hedonic Index)向量 δ。在最大化生命周期收入框架内，个人的目标函数为：

$$\max_{S, \delta} Y = (T-H-S)W(\delta, I)K(S, \delta) \tag{3-1}$$

其中，T 为退休年龄，H 为退出劳动力市场时间，S 为受教育年限，δ 为描述人力资本类别和职业特征的向量，I 为个人特征向量，W 为人力资本回报率函数，K 为生命周期中的人力资本存量。个人通过选择受教育年限 S 和人力资本的类别 δ，使收入最大化。将上述模型应用到性别职业隔离中，并将向量 δ 简化为只有一个分量，以 δ 为标准对职业进行分类，为简化起见，除假设男性与女性从劳动力市场退出的时间 H 存在差异外，平均而言具有相同的个人特征。对人力资本生产函数 K 进行设定：

$$K(S, \delta) = (1-\delta)^H \kappa(S) \tag{3-2}$$

式(3-2)的含义是从劳动力市场退出的时间会对人力资本带来贬值；如果 $H=0$，即不从劳动力市场退出，那么 $(1-\delta)^H$ 等于 1，从而得到经典人力资本投资的公式，将式(3-2)代入式(3-1)得到：

$$\max_{S, \delta} Y = (T-H-S)W(\delta, I)(1-\delta)^H \kappa(S) \tag{3-3}$$

一阶条件：

$$Y_S = -W(\delta, I)K(S, \delta) + (T-H-S)W(\delta, I)\frac{\partial K}{\partial S} = 0 \tag{3-4}$$

$$Y_\delta = (T-H-S)\left[(1-\delta)^H \kappa(S)\frac{\partial K}{\partial S} - W(\delta-1)\kappa(S)H(1-\delta)^{H-1}\right] = 0 \tag{3-5}$$

式(3-5)的含义是一个人选择某种职业，在此职业中退出导致的人力资本贬值的边际货币价值。

$$W(\delta-1)\kappa(S)H(1-\delta)^{H-1} \tag{3-6}$$

正好等于生命周期中所获得的边际收益

$$(1-\delta)^{H}\kappa(S)\frac{\partial K}{\partial S}$$

上述模型是对标准人力资本投资的拓展，以生命周期收入最大化为出发点，个人人力资本投资决策，不仅需要最优化投资数量 S，还需要最优化人力资本的类别 δ。从劳动力市场退出的时间 H 如何影响到职业类别或人力资本投资类别的选择呢？对式(3-6)进行全微分，得到

$$\frac{\mathrm{d}\delta}{\mathrm{d}H}=\frac{Y_{\delta S}Y_{SH}-Y_{\delta H}Y_{SS}}{Y_{\delta\delta}Y_{SS}-Y_{\delta S}Y_{S\delta}}<0 \tag{3-7}$$

式(3-7)的含义是随着退出时间的缩短，所选择职业的退出损失率会变大；即如果男性预期自己从劳动力市场退出的概率比较小，那么就会选择那些退出损失率比较大的职业。而女性基于其性别角色，如家务劳动、生育和养育孩子等，在劳动市场上比男性更容易退出。因此，女性在对其进行人力资本投资决策时，为使生命周期收入最大化，会选择那些退出损失率较小的人力资本种类。当其进入劳动力市场并选择职业时，就只能进入那些退出损失率比较小的职业，这些职业即通常所指的是"女性"职业，进而促成劳动力市场分割。由于劳动力市场的分割，使女性被排除在工作环境好、报酬高、社会地位高的职业之外，大量女性被"拥挤"到工作环境差、报酬低、社会地位低的"女性"职业中，造成这些职业中女性劳动力供给大量增加，并压低了她们的工资收入，进而影响了女性的生育决策。

第二节 从城镇化水平与城镇化类型看生育率的影响机制

我国一胎生育行为往往受到传统道德观念的影响，传统观念认为女性应当在

婚后生育至少一胎，并认为这是家庭生命延续及自我价值和幸福人生实现的必然选择。而对于多胎生育数量的选择问题，由文献梳理可知，生育意愿既受到个体微观因素的影响，同样受到家庭、社会等因素的调节。为揭示城镇化与生育意愿之间的关系，本书首先构建了理论分析框架，如图 3-1 所示。

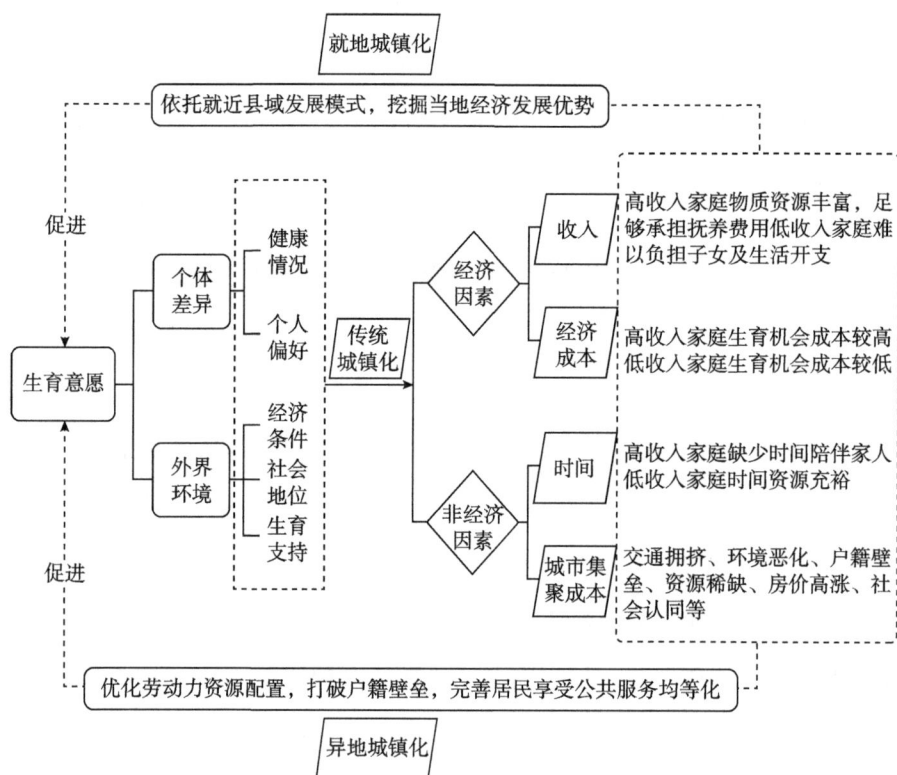

图 3-1　城镇化对生育意愿的影响机制

（1）高收入城镇家庭的生育可能。对于高收入城镇家庭而言，物质资料相对丰富，能够承担子女的教育支出，因而存在多胎生育的可能性。但同时，养育子女的机会成本较高，若增加生育数量，一方面意味着需要舍弃大部分家庭收入来源，从而不得不减少部分生活开销，降低生活质量；另一方面由于"孩子"被认为是一种可替代的消费品，且生育多胎的边际机会成本增加，生育多胎加重了家庭抚养子女的各项支出费用。生育子女所带来的收益必然随着子女数量的增加而相对减少。因此，对于理性的高收入家庭而言，将会通过购买"孩子"的替代品以获得效用的最大化，并最终导致家庭对子女数量的需求下降。

（2）低收入农村家庭的生育可能。对于低收入农村家庭而言，主要受"多子多福"等传统制度观念的影响较深，对儿孙满堂的追求是农村高生育率的重要原因。加之，农村居民普遍具有较多的以牺牲劳动时间所置换出的闲暇时间，从而具备更多的时间精力来生育和培养子女，这也为低收入农村群体带来了较高的生育率水平。而在人们对教育投资有效性达成共识的前提下，低收入群体的多生决策往往被认为是降低教育投资失败风险的有效途径。但低收入家庭物质资源匮乏，教育、住房、医疗等各方面无法得到有效保障也成为抑制其多生意愿的重要原因。

（3）户籍制度对生育可能产生的影响。随着新型城镇化进程的推进，打破户籍制度壁垒，统筹完善教育、医疗、社会保障等制度，使居民享受基本公共服务均等化的同时，促进劳动力向二三产业转移，提高整体经济效率水平。在提升居民收入水平的同时，辅助实施相关配套制度，这能够在一定程度上减少由于生育所顾及的各项成本开销，增强人民幸福感，从而使居民更加积极地响应国家多胎生育政策，有助于提高生育意愿。在不同的城镇化发展模式下，对生育意愿同样能够起到一定的促进作用，就地城镇化可以依托县域发展模式，充分挖掘当地经济发展优势，并给予家人更多的陪伴和照顾。而异地城镇化的发展模式最大的优势在于优化了城乡劳动力资源配置，这样更加有助于实现居民公共服务均等化，增加居民收入。

在经济学行为理论分析中，个体的生育选择取决于生育所带来的效用与成本之间的博弈。若生育带来的效用水平大于生育成本，则个体更偏向选择生育。本书借鉴 Sato（2007）、李金锴和钟昌标（2020）的研究思路，根据上文的文献梳理，构建收入水平与生育意愿的模型方程，通过数理模型描述户籍城镇化对生育意愿的影响。

假定城镇居民数量为 x_A，农村居民数量为 $1-x_A$，定义 $\varphi = x_A/1-x_A$ 为户籍城镇化水平，同时在城镇化过程中，不同城镇化发展模式下，居民人口向城市流动带来的集聚成本为 $c_t = f(\varphi)$。同时，假设存在一对已婚夫妻组成的标准家庭结构，其居住的城市用 t 表示。假定社会上存在正常商品的前提下，构建家庭生育意愿的柯布道格拉斯效用函数：

$$U(x_t,\ y_t,\ c_t) = Ax_t^{\alpha} y_t^{\beta} c_t^{1-\alpha-\beta} \tag{3-8}$$

其中，x_t、y_t 分别为该地区的商品消费量、生育子女个数，c_t 为城镇化过程中不经济效应带来的集聚成本。其中，$0<\alpha<1$、$0<\beta<1$。同时构建家庭预算约束方程如下：

$$p_{x_t}x_t + p_{y_t}y_t + c_t \leqslant K + w(1-Ty_t) \tag{3-9}$$

其中，p_{x_t} 为该地区的商品价格；p_{y_t} 为抚养一个孩子的价格如教育成本、生活花费等，假定商品价格和生育成本不随消费数量以及孩子数量的变化而变化；K 为家庭总资产；w 为夫妻工资率水平；T 为抚养一个子女的养育时间占总时间的比重，并且养育时间随生育个数的增加而递增；$w(1-Ty_t)$ 为工资收入。公式左边为家庭日常生活开销和子女养育成本及城镇化带来的集聚成本之和，公式右边为家庭总收入水平。通过联立式(3-8)、式(3-9)可得到在家庭预算约束下的生育效用最大化方程组：

$$\max U = U(x_t,\ y_t,\ c_t) \tag{3-10}$$

$$\text{s. t. } p_{x_t}x_t + p_{y_t}y_t + c_t \leqslant K + w(1-Ty_t) \tag{3-11}$$

假定家庭生育意愿效用函数拟凹且二阶连续可微，且假定 $\dfrac{\partial P_{x_t}}{\partial x_t}=0$，$\dfrac{\partial P_{y_t}}{\partial y_t}=0$。

根据拉格朗日乘数法，求得本书所需最优生育数量 y_t 关于城镇化水平 φ 函数 c_t 的表达式：

$$y_t = \frac{c_t}{(1-\alpha\beta)(p_{y_t}+wT)} \tag{3-12}$$

随着以人为核心的城镇化稳步推进，城镇人口的逐渐增加所带来的城镇化水平提高，是否会对生育意愿的影响产生差异性是本书探讨的重点，故对式（3-12）中的城镇人口 x_A 求一阶偏导得式（3-13）。

$$\frac{\partial y_t}{\partial \varphi} = \frac{1}{(1-\alpha-\beta)(p_{y_t}+wT)} \cdot \frac{\partial c_t}{\partial f} \frac{\partial f}{\partial \varphi} \tag{3-13}$$

由式（3-13）可知，随着城镇化水平的提高，居民生育意愿是否提高取决于城镇化发展模式带来的集聚成本变化，若 $\frac{\partial c_t}{\partial f} \frac{\partial f}{\partial \varphi} < 0$，表示城镇化发展带来的不经济现象，城镇化的集聚成本递增，如教育成本的加剧、房价的提升等，进而导致居民对于生育的各项预期成本的提高，故而选择降低生育数量；若 $\frac{\partial c_t}{\partial f} \frac{\partial f}{\partial \varphi} > 0$，则表示城镇化在调节社会资源分配上起到了积极的调节作用，有效降低了居民预期顾虑的生育成本开销，从而促进生育意愿。因此，本书提出以下三个假设。

假设1：城镇居民相比农村居民具有更低的生育意愿。

假设2：城镇化对不同群体生育意愿的影响效果具有差异性。

假设3：不同城镇化发展模式对生育意愿的影响路径存在差异。

本章小结

19世纪中叶到20世纪中叶，诸多西方经济学家针对人口迅速膨胀这种现象作出了一系列解释。总体而言，家庭经济学范式基于经济视角充分考虑了作为"理性经济人"在生育孩子时的各类衡量和计算，对西方生育率情况具有一定的解释作用，但生育是一个复杂的行为，不仅受到经济因素的影响，还受到各类社会规范和价值观等的影响。结构主义范式更加关注宏观层面的影响因素，如经济、政治、文化、制度等对生育意愿和生育行为的影响，更多地对影响人们的社会规范和价值观进行了考量，与家庭经济学范式形成了较好的互补。社会心理学范式既考虑了生育的理性计划行为，也考虑了作为人的行为的生育意愿受到个人心理因素的显著影响，比较符合现代人的生育理念，但过多强调微观因素，对影响生育意愿的宏观结构性因素则关注较少，而结构性因素对发展中国家的生育意愿影响尤为重要。

生育意愿既受到个体微观因素的影响，也受到家庭、社会等因素的调节。其一，高收入城镇家庭会通过购买"孩子"的替代品以获得效用的最大化，最终导致家庭对子女数量的需求下降。其二，低收入农村家庭物质资源匮乏，各方面无法得到有效保障将成为抑制多生意愿的重要原因。其三，城镇居民相比农村居民具有更低的生育意愿，且户籍城镇化对不同群体、不同城镇化发展模式对生育意愿的影响存在异质性。

第四章 中国城镇化发展与
生育率的长期趋势分析

第一节 中国城镇化发展的阶段性特征

学者依据政府作用发挥、政策提出与实施、"城市化过程曲线"理论、国际标准下城镇化率和城镇化发展内涵变迁、人口转移与结构转型等方面对中国城镇化发展阶段进行划分。中国城镇化发展演变的规律符合"配第—克拉克"定律描述的经济发展过程,经济发展与城镇化推进互为因果、互为动力。多数学者认为,中国城镇化发展阶段符合 1975 年美国城市地理学家诺瑟姆提出的城市生成理论,即"诺瑟姆曲线",城市化可被划分为初期(城市化率低于 30%)、快速(城市化率为 30%~70%)、后期(城市化为 70%~90%)三个阶段,或在此基础上进行的修正,如方创琳(2008)提出的与经济相适应的四阶段论,即起步(城市化率低于 30%)、中期(城市化率为 30%~60%)、后期(城市化率为 60%~80%)、终期(城市化率为 80%~100%)。本章依据城镇化发展理论,同时在参考已有研究的基础上,将新中国成立以来城镇化发展分为起步期、加速发展期和基本成熟期三个主要阶段,并据此来解读中国城镇化进程。

一、起步期(1949~2000年)：受计划经济体制及经济发展水平的影响，城镇化进程缓慢

1. 1949~1957年：对经济社会进行整顿

1949~1957年，中国城镇化率从10.64%提高到15.39%，年均提高0.59个百分点。1949~1952年，国民经济处于恢复期，连年的战乱使城市经济遭受了极大破坏，毛泽东同志指出，要把工作重心放到城市上，在这一思想的指导下中国开始了"以城带乡"的发展时期，城乡人口的自由流动成为这一时期推动城镇化发展的主要制度因素。"消费型城市"一般缺乏自我发展和辐射带动能力，所以这一时期加强基础设施建设与恢复生产尤为重要，但如何变"消费"为"生产"？从1953年开始，中国进入大规模建设的第一个五年计划，"一五"计划期间，集中力量以苏联帮助中国设计的"156"个重大项目为建设中心，改建、扩建武汉、太原和洛阳等一批老城市为新兴工业城市，为了追求短期增长，减少基础设施"非生产性"投入，国家有计划地将资金集中到生产部门，提出"新建城市原则上以中小城镇为主"的发展战略。1952~1957年，中国工业总产值提高2.29倍，其中，钢材产量增长近3倍，原煤发电量增长164.4%，其他主要工业产品产量也有大幅提升。

大规模的工业化建设吸纳了大批农民工进城就业，提高了城镇人口数量，城镇人口由1949年的5765万人增长到1957年的9949万人，提高了72.58个百分点，这一时期由于社会主义改造基本完成，市场经济制度作用有所加强，城乡人口基本实现自由流动，城乡关系发展相对协调。随着城市工商业社会主义改造的推进和经济的恢复，尽管生产技术和产品结构的局限在一定程度上影响了城镇化发展，但产业对人口的吸纳作用越发凸显。优先发展重工业的战略选择短期带动了城镇对劳动力需求的快速增加，同时，在战后城镇离散人员回流、新政府军政人员进城及经济恢复等因素的共同作用下，这一时期的城镇化率得到快速

提高。

2.1958～1965年：城镇化发展波动较大

1958～1965年，城镇化率由16.25%提高到17.98%，年均提高0.32个百分点。1958年5月，党的八大二次会议正式通过"鼓足干劲、力争上游、多快好省地建设社会主义"的总路线。在"跑步进入社会主义"的"高速度、高指标"目标要求下，全民大办工业，特别是"大炼钢铁"、"大跃进"，以及重工业优先发展战略极大地增加了城市对劳动力的需求。尽管这一时期国家开始逐渐限制城乡人口自由流动，尤其是限制农村人口迁移到城市，但仍有大量农村人口涌入城市，工业化和城镇化得到发展，城镇化水平从1958年的16.25%迅速增长到1959年的18.41%。与此同时，随着经济的恢复，虽然在重工业优先发展战略下国民经济比例失衡，经济结构在一定程度上偏离了资源禀赋结构，但经济规模的扩大为经济的进一步发展奠定了必要的物质基础(苏剑等，2013)。

1959～1961年，中国出现"三年困难时期"，《中国共产党历史》记载，在这一时期，粮、油和蔬菜、副食品等极度缺乏，严重的自然灾害给人民生活与经济社会稳定发展造成了重大威胁，城镇化进程受到严重阻碍。为应对这一危机，1961年国家对国民经济实施进行全面调整，党的八届九中全会通过"调整、巩固、充实、提高"的总体方针，对人口流动实行严格的户籍管控，削减基础建设规模和城镇职工队伍，并动员城镇人口回到农村，致使新中国首次出现"逆城市化"现象，城镇化率由1960年的19.75%下降到1963年的16.84%。1964年以后，随着经济的恢复，城镇化率有所回升。

3.1966～1977年："文化大革命"导致城镇化发展陷入停滞

在1965年经济形势向好之际，1966年持续十年的"文化大革命"爆发，城市经济再次出现萎缩，城镇化发展基本停滞，出现第二次"逆城市化"。这一时期经济结构性问题突出，重工业优先发展，轻视轻工业和商业，产业结构偏离资源和要素禀赋，就业水平较低。为缓解就业压力，国家开展大规模的"青年上山下乡"和干部下放农村的劳动政策。同时，在全国范围内开始三线建设，再次提出"先生产后生活"的方针，限制城镇建设，抑制了城镇化发展。逆城市化期间（1966~1977年），中国城镇化率从17.86%降低至17.55%，年均降低0.03个百分点，在这一时期，城镇化率始终保持在17.5%左右，且出现了7年的城镇化水平负增长现象，而1977年末，中国经济总量为3250亿元，比1958年增长了147.7%，城镇化与经济发展基本脱节。

4. 1978~2000年：改革开放开启城镇化蓄力探索的新征程

1978~2000年，中国城镇化率由17.92%提高到36.22%，年均提高0.81个百分点。1978年党的第十一届三中全会召开，中国工作重心转向以经济建设为中心的社会主义现代化建设，以家庭联产承包责任制为中心的农村经济体制改革也开启了农村发展的序幕。1980年中国继续将"控制大城市规模，合理发展中等城市，积极发展小城市"作为发展方针。1984年在党的十二届三中全会上决定将中国经济体制改革的重心转移到城市，加强城市经济体制改革，推行城镇国有和集体企业"拨改贷""厂长负责制"，推动城市工业经济发展，在城市工业经济恢复的同时，城市产业结构迅速调整，从1978年的28.1∶48.2∶23.7调整为1992年的21.8∶43.9∶34.3，其中，第三产业产值占比大幅提高，第三产业就业人员占比也由1978年的12.2%上升到1992年的19.8%。随着城市经济体制改革的不断深入，城镇化率由1978年的17.92%提高到1992年的27.46%，年均增长0.68个百分点，但增长速度呈下降趋势，原因在于：一方面，此阶段的城镇化发展主要以小城镇为中心，在乡镇企业和城市改革的双重推动力的作用下，城镇化水平不断提高；另一方面，由于"四普""五普"在统计口径上存在差异，2000年城镇化率存在4.7%的差值，为了数据协调，有关部门将4.7%的差值进行5年分摊（许经勇，2016）。

继邓小平南方谈话和1992年党的十四大首次明确提出要建立社会主义市场经济体制后，市场经济体制改革目标得以确立。1998年，党的十五届三中全会明确提出"小城镇大战略"问题，指出小城镇发展是带动农村经济与社会发展的重要力量，2000 年党的十五届五中全会进一步提出建设小城镇的重要性，即小城镇是推进城镇化发展的重要途径。这一思想的指导作用在沿海地区的效果尤其显著，吸引了大批农村剩余劳动力，城市人口规模不断扩大。2000 年，中国农民工外出务工人数达 7849 万人，三次产业就业人数结构由 1978 年的 70.5：17.3：12.2 转变为 50：22.5：27.5，全国建制镇数目 16774 个，较 1989 年增长了 41.29%，小城镇人口明显上升。除加强经济体制和小城镇建设外，20 世纪 90 年代后期，中国还加强了土地有偿使用、住房、教育、医疗、财税等方面的改革，特别是土地、住房改革的实施，地方政府和企业"以地养地""以地融资"推动了城镇化发展，也带来了房地产市场的繁荣。

二、加速发展期(2001~2010 年)：以政府推动为主要特征，城镇化发展较快，但粗放式增长也带来了一系列问题

这一阶段城镇化发展以小城镇为主导，城镇的产业承载力、基础设施建设取得显著成效，城镇化率由 2001 年的 37.66% 提升到 2010 年的 49.95%，年均提高 1.37 个百分点。1994 年分税制改革，尤其是在 2003 年之后，为更好地吸引外资，地方政府通过举债融资，加强基础设施建设，城市的"软环境"及要素资源集聚竞争的优势显著提升(周一星，2006)。而 20 世纪 90 年代全球化时代的到来，对于改革开放后的中国来说，是一次历史性机遇，发达国家为了提高收益、降低成本，将劳动密集型、技术成熟型、资源开拓型的产业转移至发展中国家，这种资产、技术、产业的跨国转移对中国城镇化发展具有显著推动作用(胡序威，2007)。经济全球化对中国城镇化的影响在 2001 年中国加入世界贸易组织(WTO)后更加显著，国民经济进一步与世界融合，中国拥有大量的廉价劳动力和广阔的消费市场，吸引了众多外资企业入驻，投资建设现代化制造业工厂，驱使中国成为全球重要的制造业基地，这对中国国民经济发展产生了极大影响，特别是东部沿

海城市成为众多跨国技术型企业的选择聚集地。2001~2011 年是中国城镇化发展速度较快的十年，全国涌现出一批依托制造业发展起来的城市，如苏州、东莞、无锡等地的城区面积和人口急剧增长。2008 年全球金融危机爆发，对中国经济产生了一定冲击，进出口贸易萎缩，政府适时出台了一系列政策用于基础设施等投资建设，以及缓解外需下降带来的经济速度减缓。在此，中国城镇化发展的动力机制由外向型经济拉动向外源、内需双轮驱动转变（陶长琪等，2019）。

"十五"计划、"十一五"规划持续将城镇化发展纳入国家战略。"十五"计划明确提出，"取消对农村劳动力进入城镇就业的不合理限制，引导农村富余劳动力在城乡、地区间的有序流动"和"进一步加大户籍制度改革"，这一阶段城镇化与经济发展速度较快。然而，快速的城镇化发展虽取得较大成就，但也伴随着"隐患"（姚士谋等，2012）。"冒进式"发展主要表现出两个显著特征：一是土地城镇化快于人口城镇化，城市用地粗放低效，建成区人口密度低，耕地减少过多过快；二是经营、管理城市的冲动超越了客观经济发展的规律。吴良镛（1999）认为，无序的城镇化发展造成的城市人口猛增、环境安全、农田被吞噬、水资源短缺等正在威胁着我们的生存空间。

三、基本成熟期（2011 年至今）：对传统城镇化发展模式进行反思和调整，提出以人为本的新型城镇化发展道路

这一阶段中国人口城镇化率由 2011 年的 51.27%提高到 2018 年的 58.59%，年均增长 1.08 个百分点，城镇化率仍保持着快速增长态势。2011 年城镇化率首次突破 50%，表明中国社会性质已从农村社会转变为城市社会。但长期以来，中国以要素投入驱动发展，尤其是初级要素投入，同时过度强调外向型经济，通过增加需求拉动消费和投资，从而对资源环境造成了极大的压力（胡鞍钢等，2015）。以政府主导、粗放的传统城镇化发展模式弊端日益凸显，城镇化质量不高的问题越发突出，发展模式迫切需要从要素驱动向创新驱动转变（辜胜阻等，

2012)。中央经济工作会议明确提出，城镇化是中国扩大内需的最大潜力，要摆脱传统城镇化的老路，走新型城镇化道路。党的十八大、十八届五中全会、党的十九大等都提出，在追求规模与速度增长的同时，要更加注重经济发展的质量与内涵。同时，国家也相继颁布一批有关城镇化健康发展的文件。《国家新型城镇化规划(2014—2020年)》明确提出，中国城镇化进入以质量提升为主的转型发展阶段。党的十八届三中全会审议通过的《中共中央关于全面深化改革若干重大问题的决定》再次阐释了"新型城镇化"的科学内涵，即"坚持走中国特色新型城镇化道路，推进以人为核心的城镇化，推动大中小城市和小城镇协调发展、产业和城镇融合发展，促进城镇化和新农村建设协调推进。优化城市空间结构和管理格局，增强城市综合承载能力"。这表明，城镇化的转型发展已成为中国经济持续稳定发展的战略核心(王国刚，2010)。在经济发展的换挡期，2015年供给侧结构性改革的提出为城镇化发展开辟了新道路。

第二节　城镇化过程中中国生育率变化及结构性分布

生育政策是一国重要的社会政策之一，生育政策对民众的生育选择具有长期的影响。新中国成立初期，国民经济正处于恢复阶段，国家迫切需要发展经济，因而这个时期的政策是鼓励进行更多的生育。随着经济的持续发展，人口快速增长，逐渐出现了人口与资源日益紧张的矛盾，为了实现可持续发展，国家于20世纪80年代开始实施计划生育的国策，严格限制人口增长，由此导致生育率的急速降低。进入21世纪，随着科技的日新月异，控制生育的技术不断改善，男女平权和同工同酬逐渐开始实施，人们的受教育程度得到提高，思想观念发生变革等，主动减少生育数量成为社会主流现象，每年出生人口从 1987 的 2500 万下降到了 2011 年的 1600 万左右。全国人口普查和人口抽样调查数据显示，2005 年全国 1% 人口抽样调查时的总和生育率为 1.33，2010 年第六次全国人口普查时则进一步降至 1.18，人口总和生育率已低于更替水平。一方面，为了扭转生育率不断降低的趋势，国家分别于 2013 年实施"单独二孩"政策，于 2016 年实施"全面两孩"政策，尽管在政策实施后人口出生率有小幅上升，但又继续出现下降趋势。随后，国家于 2021 年出台了三孩政策，试图以此提高民众生育意愿；另一方面，国家统计局数据显示，2016~2021 年，我国出生人口呈逐年下降趋势。第七次人口普查数据显示，过去 10 年我国人口平均增长率为 0.53%，比上一个 10 年的年平均增长率 0.57% 下降了 0.04 个百分点，这表明我国人口 10 年来持续保持低速增长态势。数据同时显示，2020 年我国出生人口仅 1200 万，总和生育率为 1.3，低于国际社会 1.5 的低生育率警戒线。

我国当前人口问题的基本事实：一是由于长期实行计划生育政策，未来一段时期人口结构将发生巨大变化，最突出的表现是人口老龄化。二是国家的创新能力与年轻人口占比密切相关，人口老龄化会对国家创新创业能力产生了重大影响，对创新驱动发展战略形成制约。三是面临严峻的低生育率陷阱，在经济社会转型发展的当下，越来越多的居民产生了"不敢生""不愿生"的抵触心理，生育率持续下降。人口是经济社会的基本构成，长期的低生育率可能导致一国的创新创业能力产生缺失，严重阻碍经济社会的健康可持续发展。2021 年第七次全国人口普查数据显示，我国人口已达 14.1 亿人，比 2011 年增加了 7205 万人，年均增长率为 0.57%。但当前育龄妇女总和生育率已超过 1.5 的警戒线，降至 1.3，处于较低生育水平。联合国人口署 2017 年发布的《世界人口展望》指出，在低生育率陷阱下，21 世纪末我国人口规模将呈现倒"V"形趋势，同时伴随着严重的人口老龄化问题。近年来，为应对人口形式的转变，我国做出了一系列渐进式的生育政策调整。2011 年全国各地实施"双独二孩"政策，2013 年实施"单独二孩"政策，2015 年实施"全面两孩"政策，以及 2021 年中共中央政治局召开会议审议通过了《关于优化生育政策促进人口长期均衡发展的决定》，支持一对夫妻生育三个子女。然而数据表明，2019 年我国出生率降至自 1949 年以来历史最低的 10.48‰，总和生育率为 1.47。显然，尽管经济条件得到较大改善，但受到计划生育政策推行过程中所形成的"晚婚晚育""优生优育""质量重于数量"等传统观念的路径依赖，以及新时代"单身主义""丁克主义"等新观念潜移默化的影响，"二孩政策"并未给我国生育率的增加带来预想的效果，生育率反而持续走低，如图 4-1 所示。因此，提高人们的生育意愿，走出低生育率陷阱，已成为关系到国计民生的重大现实问题。

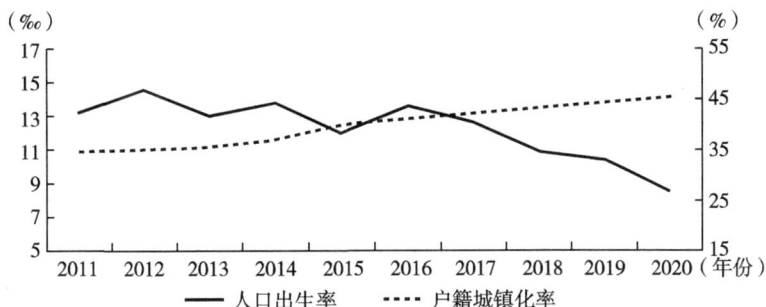

图 4-1　2011~2020 年我国户籍城镇化率与出生率趋势

改革开放以来，我国城镇化进程取得了举世瞩目的成就。第七次全国人口普查数据显示，居住在城镇的人口数为 90199 万人，占比为 63.89%，其中户籍人口城镇化率为 45.4%，较常住人口城镇化率低 18.49 个百分点，这表明我国户籍制度改革任务仍较为艰巨。城镇化的外部性主要表现为人口由低效率的农业部门向城镇高效率的第二、第三产业集聚，这有利于促进居民收入增加，提高农业现代化水平，调整需求结构，促进经济高质量发展。然而人口向城市集聚过程中对住房、教育、社会保障等内容引发的物质性需求，以及群体融入与价值观念转变所产生的精神诉求，是否会对生育意愿产生影响？发达国家经验表明，经济处于上升期时，人们往往偏好多生，但竞争导致的社会压力与育儿成本提高会对生育意愿产生抑制。城镇化是反映经济社会变迁最重要的关键词，城镇化过程涉及人们的收入水平、生活方式、社会保障、文化观念等内容的变迁，对人们的生育意愿势必产生文化性、意愿性、内生性等多重影响。

通过世界银行数据库提供的 1960~2020 年中国总和生育率数据（见图 4-2）可以看出，我国总和生育率呈先增后减的整体趋势，1965 年和 1966 年总和生育率（TFR）达到最大值 6.28，之后逐年递减，其中在 1983~1986 年稍微增长但增长幅度有限，最低值为 2020 年的 1.3。

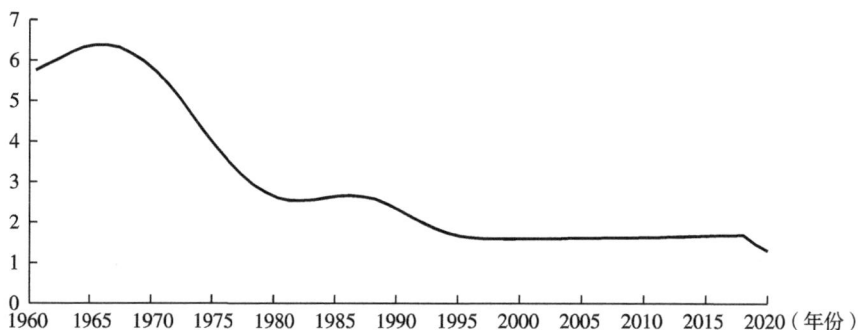

图 4-2　1960~2020 年我国总和生育率折线图

资料来源：世界银行数据库。

通过对历年来的人口普查数据及 1% 人口抽样调查资料得到 1990 年、1995 年、2000 年、2005 年、2010 年、2015 年、2020 年的 31 个省份总和生育率数据，汇总如表 4-1 所示（1997 年重庆市政府挂牌）。

表 4-1　31 个省份 7 年总和生育率汇总

省份	1990 年	1995 年	2000 年	2005 年	2010 年	2015 年	2020 年
北京	1.33	0.80	0.67	0.68	0.71	0.76	0.71
天津	1.66	1.11	0.88	0.81	0.91	0.72	0.91
河北	2.33	1.35	1.29	1.57	1.31	1.04	1.31
山西	2.46	1.74	1.44	1.47	1.10	1.04	1.10
内蒙古	1.97	1.44	1.09	1.16	1.07	0.88	1.06
辽宁	1.51	1.27	0.98	0.98	0.74	0.59	0.73
吉林	1.81	1.27	0.84	0.98	0.76	0.64	0.75
黑龙江	1.71	1.19	0.88	1.00	0.75	0.47	0.74
上海	1.34	0.84	0.68	0.68	0.74	0.68	0.73
江苏	1.94	1.17	0.97	1.17	1.05	0.86	1.06
浙江	1.40	1.30	1.04	1.24	1.02	0.94	1.01
安徽	2.51	1.41	1.33	1.78	1.48	1.25	1.49
福建	2.36	1.32	1.03	1.20	1.12	1.35	1.08
江西	2.46	1.70	1.60	1.68	1.39	1.25	1.19
山东	2.12	0.95	1.16	1.52	1.17	1.12	1.06
河南	2.90	1.19	1.44	1.29	1.30	1.11	1.35
湖北	2.50	1.66	1.06	1.37	1.34	1.10	1.35
湖南	2.40	1.21	1.27	1.45	1.42	1.13	1.42
广东	2.51	1.90	0.94	1.00	1.06	1.08	1.08
广西	2.73	1.81	1.54	1.79	1.79	1.50	1.80
海南	2.93	2.03	1.54	1.61	1.51	1.36	1.51
重庆	—	—	1.26	1.20	1.16	1.05	1.18
四川	1.76	1.45	1.23	1.49	1.08	1.09	1.09
贵州	2.96	2.22	2.19	1.94	1.75	1.33	1.75
云南	2.59	1.96	1.81	1.71	1.41	1.30	1.41
西藏	4.22	2.97	1.85	1.70	1.05	1.05	1.05
陕西	2.71	1.52	1.13	1.18	1.05	0.82	1.06
甘肃	2.34	1.77	1.32	1.45	1.28	0.99	1.28
青海	2.47	1.86	1.54	1.39	1.37	1.19	1.37
宁夏	2.61	1.90	1.69	1.73	1.36	1.29	1.36
新疆	3.16	1.67	1.52	1.57	1.53	1.53	1.52

由表 4-1 可以看出，全国呈现的时空特征，一是从时序层面来看，1990 年西藏、新疆、贵州、海南、河南生育率较高，重庆、浙江、北京、上海、辽宁等地生育率较低；1995 年，西藏、宁夏、云南、贵州、广东、海南生育率较高，重庆、山东、北京、上海等地生育率偏低；2000 年，西藏、云南、贵州、山西、河南、宁夏生育率较高，北京、上海等地生育率偏低；2005 年贵州、宁夏、安徽、江西等地生育率较高，北京、天津、上海、广东及东北三省生育率偏低；2010 年，贵州、广西等地生育率较高，北京、上海及东北三省生育率偏低；2015 年，新疆、广西等地生育率较高，东北三省生育率偏低；2020 年，安徽、贵州、广西、新疆、云南、湖南、海南生育率较高，北京、黑龙江、吉林、辽宁四地生育率较低。总体而言生育率低的地区越来越多，且处于生育率中间段的省份越来越少。二是从空间层面来看，东部沿海地区是全国经济发达区域且城镇化水平处于前列，其一半省份生育率由国家中列降低到尾列；中部地区的生育率大致呈现升降交替的变化趋势，靠近沿海城市的省份由于经济发展的辐射效应生育率逐渐降低，如江西省；西部地区经济发展相对落后所以生育较高的省份聚集在此，但 2010 年前后西藏、陕西的生育率也处于国家低水平行列；最典型的是东北三省，自 1990 年来生育率就处于低行列队伍，2005 年以来一直处于国家最低生育率行列。总体而言，30 多年来新疆、贵州、海南的生育率一直较高，北京、上海、辽宁生育率一直较低，近年来东北三省的生育率水平都处于较低状态，且安徽省近年来生育率水平有所提升，但整体而言生育率水平呈现下降趋势。

本章小结

通过现有理论对城镇化发展阶段进行划分，再结合新中国成立以来的城镇化发展历程，可将中国城镇化发展划分为起步期、加速发展期和基本成熟期三个主要阶段。起步期内，受计划经济体制及经济发展水平的影响，城镇化进程缓慢；1978 年以后，改革开放开启了城镇化蓄力探索的新征程；2001～2010 年的加速发展时期，该阶段呈现以政府推动的主要特征，城镇化发展迅速，同时粗放式的增长模式带来一系列问题；2011 年至今，城镇化发展模式已经基本成熟，表现在不断地对传统城镇化发展模式进行反思和调整，并提出以人为本的新型城镇化发展道路。

　　人口是经济社会的基本构成，当前我国面临人口问题的基本事实，严重阻碍了经济社会的健康可持续发展。在新旧观念的影响下，相关生育政策并未给我国生育率的增加带来预想的效果，生育率反而持续走低。提高人们的生育意愿，走出低生育率陷阱，成为当前发展重要的目标指向。城镇化对人们的生育意愿产生诸多影响。1960～2020 年，我国总和生育率呈先增后减的整体趋势；针对各省份而言，生育率低的地区越来越多，且处于生育率中间段的省份不断减少。

第五章 城镇化影响生育率的实证研究

第一节 基于灯光数据的城镇化水平测度分析

一、测度方法

本书采用哈佛大学的数据公开网站 2004~2019 年的"类 NPP-VIIRS"夜间灯光影像数据，参考北京师范大学陈晋教授反映城镇化水平的灯光指数构建方法，用灯光指数定量表示各地城镇化水平。本书用 I_j 来反映城镇化水平：

$$I_j = \sum_{i=1}^{63} DN_i \times \frac{n_i}{N \times 63} \tag{5-1}$$

其中，DN_i 为区域内第 i 级的灰度值；n_i 为第 i 灰度等级的像元总数；N 为区域内像元总数（$1 \leqslant DN \leqslant 63$），63 是最大灰度等级；$I_j$ 为区域平均灯光强度。结合 2004~2019 年的常住人口城镇化率，地均 GDP 和地均第二、第三产业增加值构建城镇化水平的复合指标。归一化处理后再进行等权重叠加。以 2004 年、2012 年、2019 年为例，基于夜间灯光影像，结合 GIS 空间分析方法，可计算出各地平均灯光强度，分别与 2004 年、2012 年、2019 年常住人口—城镇化率、综合城镇化指标拟合，结果如图 5-1 所示。

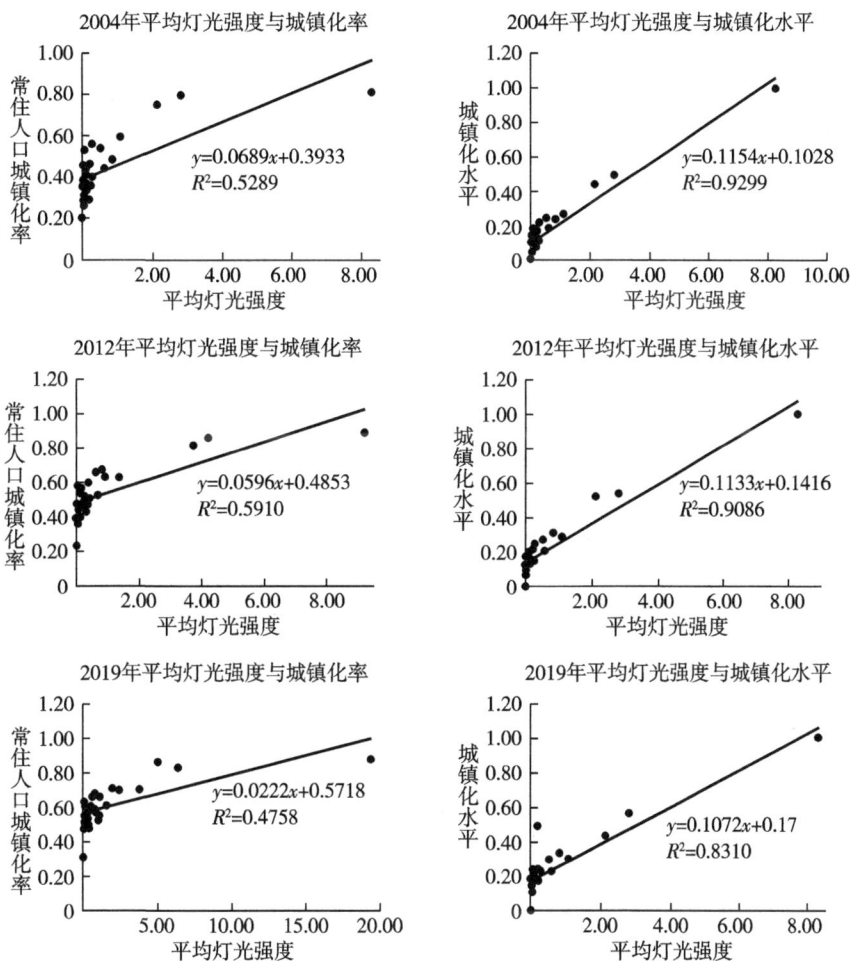

图 5-1 2004 年、2012 年、2019 年平均灯光强度与城镇化率、城镇化水平的拟合图

由图 5-1 可知，2004 年、2012 年、2019 年平均灯光强度与常住人口—城镇化率的相关系数分别为 0.5289、0.5910、0.4758，与城镇化水平（复合指标）的相关系数分别为 0.9299、0.9086、0.8310，且两者都通过显著性检验，平均灯光强度与城镇化率、城镇化水平均是显著相关的，但其与城镇化水平的相关系数更高。因此，城镇化水平可以很好地通过灯光指数进行综合测度。

二、全国层面的空间分布分析

夜晚有着闪耀灯光的区域一方面能直接反映当地的城市化、工业化水平，另一方面能部分反映人口集中分布情况。对比分析 2004～2019 年我国的灯光平均指数，观测中国城市化的空间外溢程度及方向。2004～2019 年我国夜间平均灯光指数值如表 5-1 所示。

表 5-1　2004～2019 年我国夜间平均灯光指数

地区	2004 年	2005 年	2006 年	2007 年	2008 年	2009 年	2010 年	2011 年
北京	2.8105	3.8970	4.2961	4.0025	3.9175	3.6472	3.4033	4.6275
天津	2.1525	2.6988	3.4824	3.5542	3.3447	3.1586	3.0676	4.1736
河北	0.2686	0.2549	0.2961	0.3054	0.2841	0.3095	0.3211	0.4175
山西	0.2720	0.2694	0.2885	0.2158	0.2338	0.2785	0.2547	0.3130
内蒙古	0.0261	0.0247	0.0329	0.0368	0.0360	0.0460	0.0427	0.0628
辽宁	0.2912	0.3114	0.3812	0.4145	0.4116	0.4629	0.3959	0.5714
吉林	0.1020	0.1184	0.1274	0.1453	0.1426	0.1851	0.1545	0.1991
黑龙江	0.0767	0.0858	0.0880	0.0923	0.0972	0.1383	0.0991	0.1289
上海	8.2890	10.2802	10.3970	10.3275	9.3402	5.7774	6.7072	13.3439
江苏	0.8496	0.7585	1.0301	1.3413	1.3122	0.7581	1.3364	2.0047
浙江	0.5371	0.4326	0.4550	0.6831	0.6759	0.3089	0.6728	0.9784
安徽	0.1272	0.1117	0.1367	0.1965	0.1903	0.0991	0.2002	0.3332
福建	0.2328	0.1910	0.1841	0.2413	0.2870	0.2023	0.2226	0.4374
江西	0.0952	0.0515	0.0434	0.0773	0.0753	0.0380	0.0597	0.0981
山东	0.5961	0.5980	0.7613	0.7224	0.5997	0.6610	0.6293	0.8648
河南	0.2066	0.2336	0.3317	0.2694	0.3253	0.2301	0.2547	0.4168
湖北	0.1098	0.1075	0.0937	0.1295	0.1048	0.0498	0.1046	0.1448
湖南	0.0827	0.0657	0.0625	0.0721	0.0619	0.0305	0.0534	0.0762
广东	1.0923	0.8652	1.0262	1.0284	1.0779	0.9710	0.6753	1.3108
广西	0.0580	0.0384	0.0521	0.0611	0.0728	0.0739	0.0535	0.0958
海南	0.1568	0.1371	0.1464	0.1221	0.1361	0.1371	0.1706	0.2376
重庆	0.1033	0.1154	0.1439	0.1103	0.1006	0.1054	0.0920	0.1125
四川	0.0453	0.0322	0.0470	0.0388	0.0350	0.0527	0.0587	0.0554
贵州	0.0387	0.0312	0.0325	0.0327	0.0289	0.0307	0.0335	0.0445
云南	0.0502	0.0555	0.0647	0.0661	0.0625	0.0770	0.0756	0.0967
西藏	0.0016	0.0014	0.0012	0.0020	0.0016	0.0025	0.0019	0.0035
陕西	0.1098	0.1267	0.1439	0.1250	0.1523	0.1561	0.2099	0.2004

地区	2004 年	2005 年	2006 年	2007 年	2008 年	2009 年	2010 年	2011 年
甘肃	0.0305	0.0311	0.0371	0.0316	0.0360	0.0404	0.0431	0.0514
青海	0.0054	0.0050	0.0062	0.0059	0.0070	0.0078	0.0081	0.0114
宁夏	0.1366	0.1620	0.1950	0.1649	0.1705	0.2098	0.2179	0.3077
新疆	0.0193	0.0194	0.0211	0.0231	0.0221	0.0259	0.0217	0.0340
地区	2012 年	2013 年	2014 年	2015 年	2016 年	2017 年	2018 年	2019 年
北京	4.2247	3.4244	3.5453	3.5905	4.0363	4.2769	4.3971	5.0038
天津	3.7533	4.4628	4.5764	4.4286	4.6451	5.3173	5.4445	6.3690
河北	0.3690	0.4636	0.4894	0.4705	0.5119	0.6214	0.6493	0.7764
山西	0.3703	0.4518	0.4385	0.3953	0.4054	0.4871	0.5177	0.5926
内蒙古	0.0584	0.0485	0.0477	0.0418	0.0481	0.0549	0.0570	0.0634
辽宁	0.6194	0.6012	0.5868	0.5638	0.5896	0.6301	0.6990	0.7473
吉林	0.1734	0.1921	0.1764	0.1874	0.2038	0.2477	0.2669	0.2994
黑龙江	0.1185	0.1147	0.1012	0.0963	0.1106	0.1238	0.1300	0.1365
上海	9.1951	17.0954	11.1901	16.8164	16.6030	15.5113	15.6044	19.3610
江苏	1.3652	2.5855	2.4802	2.5579	2.6791	3.0785	3.2890	3.7609
浙江	0.9260	1.5779	1.5540	1.6188	1.7111	2.0382	2.1363	2.3777
安徽	0.2390	0.5990	0.5879	0.6044	0.6639	0.8189	0.8962	1.0361
福建	0.3875	0.7644	0.7778	0.8023	0.7821	0.9702	1.0264	1.1168
江西	0.0771	0.1874	0.1738	0.1851	0.2102	0.2692	0.3179	0.3534
山东	0.6926	0.8934	0.9398	0.9188	0.9717	1.1875	1.3604	1.5563
河南	0.3239	0.5616	0.5660	0.5693	0.6035	0.7551	0.8492	0.9851
湖北	0.1005	0.3110	0.3051	0.3180	0.3305	0.4049	0.4578	0.5100
湖南	0.0573	0.2308	0.2254	0.2346	0.2652	0.3190	0.3612	0.3866
广东	0.8305	1.3877	1.4149	1.4222	1.3543	1.6091	1.7812	1.9141
广西	0.0890	0.2008	0.2185	0.2310	0.2440	0.2661	0.2965	0.3187
海南	0.3095	0.5122	0.5552	0.5699	0.5808	0.6855	0.7323	0.7559
重庆	0.1828	0.4340	0.4071	0.4222	0.5166	0.5701	0.6557	0.6663
四川	0.0619	0.1984	0.1857	0.1855	0.2177	0.2344	0.2735	0.2966
贵州	0.0488	0.2322	0.2261	0.2324	0.3071	0.3526	0.3826	0.3694
云南	0.1360	0.1633	0.1664	0.1625	0.1655	0.1946	0.2200	0.2328
西藏	0.0038	0.0045	0.0040	0.0046	0.0050	0.0058	0.0065	0.0082
陕西	0.2568	0.4034	0.3852	0.3624	0.3803	0.4465	0.4888	0.5157
甘肃	0.0560	0.0707	0.0759	0.0705	0.0782	0.0895	0.1074	0.1023
青海	0.0133	0.0159	0.0170	0.0165	0.0177	0.0187	0.0217	0.0252
宁夏	0.4237	0.4312	0.4465	0.3942	0.4695	0.5498	0.5709	0.5480
新疆	0.0399	0.0358	0.0426	0.0406	0.0450	0.0536	0.0619	0.0674

为了更加直观地观测 2004~2019 年全国各区域平均灯光强度的外溢程度，以 2004 年、2012 年、2019 年为例，运用 GIS 软件得到其空间分布图。

2004 年灯光指数较高的地区仅为北京、上海及东部沿海地区；2012 年，山西、陕西省的平均灯光指数也在逐渐上升，至 2019 年，灯光强度外溢程度进一步加强。16 年间中国的灯光强度由东部沿海地区不断向中部蔓延，并有逐渐向中西部地区外溢的趋势。结合表 5-1 可以发现，生育率较高的地区集中在西部欠发达地区，城市化进程较快的东部沿海地区反而出现低生育率的现象。

三、特定地区的比较分析

由上文可知，北京自 1990~2020 年的生育率一直处于全国低水平行列，宁夏则在 1990~2020 年生育率相对处于高水平梯队。通过对两地的城镇化时间格局进行对比观察，能够反映出其城镇化进程。本书选取了北京及宁夏 2004 年、2012 年和 2019 年三个年份的夜间灯光影像数据反映城镇化的时空格局。

北京市的夜间灯光强度、城镇化水平较高，并仍在向外扩张，但空间外溢水平不高，宁夏回族自治区在 16 年间的夜间灯光强度显著提升，城镇化水平进展较快，但与北京等发达城市相比城镇化水平仍然较低。

第二节　城镇化对生育率的空间溢出效应分析

一、模型构建与变量说明

本书选取中国 31 个省份作为研究对象。考虑到城镇化水平对生育水平存在空间异质性，因此在控制变量中加入地区（东部、中部、西部、东北部）的虚拟变量。指标体系的构建如表 5-2 所示。

表 5-2　变量设置

变量类型	变量	设置依据	变量含义
因变量	Bir	生育水平	出生率
自变量	Per-Urb	城镇化水平	常住人口—城镇化
	Ave-Lig		灯光指数构建的城镇化水平
控制变量	Inc	收入水平	城镇居民人均可支配收入
	Edu	教育程度	每十万人口高等学校平均在校生数
	Med	医疗结构	每十万人口拥有医疗机构床位数
	Hou	商品房价	商品住宅销售价格
	Soc	社会保障	城镇养老保险水平
	虚拟变量	1	东部
		2	中部
		3	西部
		4	东北部

　　本书的数据源自历年统计年鉴、中国房地产数据库、国研网。因数据限制和有关生育率的争议，同时考虑到数据使用口径的一致性，本书通过各地区的出生率来表征生育水平。由于要验证本书提出的生育水平与城镇化水平之间存在"U"形关系的假设，引入城镇化水平的二次项，建立以下生育水平与城镇化水平的计量经济模型：

$$Bir_{it} = \alpha_0 + \alpha_1 Urb_{it} + \alpha_2 Urb_{it}^2 + \beta Control_{it} + \varepsilon_{it} \tag{5-2}$$

　　其中，Bir 为生育水平；Urb 为城镇化水平（本书用灯光数据构建的城镇化水平替代常住人口城镇化率）；Urb^2 为城镇化水平的二次项；Control 为影响生育水平的其他变量；ε_{it} 为随机扰动项；α_i、β 为参数；t 为时间。对各变量的描述性统计如表 5-3 所示。

表5-3　2004~2019年变量的描述性统计

变量	含义	观测值	均值	标准差	最小值	最大值
Bir	出生率	496	0.011	0.003	0.005	0.018
Per-Urb	常住人口—城镇化率	496	0.525	0.147	0.205	0.896
Ave-lig	灯光指数构建的城镇化水平	496	0.999	2.409	0.001	19.361
Inc	收入水平	496	22842.830	11770.670	7217.870	73848.500
Edu	教育程度	496	2336.929	1005.131	550.000	6897.000
Med	医疗结构	496	423.741	135.435	157.328	754.344
Hou	商品房价	496	5529.534	4743.401	1156.000	38433.000
Soc	社会保障	496	0.035	0.019	0.012	0.154

二、静态面板模型分析

本书首先利用静态面板模型进行估计，经过 Hausman 检验后得出本书应该采用固定效应模型进行检验。为体现其空间特征，加入了虚拟变量，并逐一添加控制变量观测其对结果及生育水平与城镇化水平间关系的影响。结果如表5-4所示。

表5-4中模型（1）至模型（6）的结果显示，城镇化水平对生育水平的影响一次项系数分别在1%、5%、10%的水平上显著为负；但只有模型（1）至模型（4）的结果显示城镇化率对生育水平的影响二次项系数均为正且通过显著性检验，表明生育水平与城镇化水平间存在"U"形关系，即在城镇化水平较低的情况下随着城镇化率的提高会抑制生育率的增长，但当城镇化水平达到较高阶段时随着城镇化率的提升反而会促进中国生育率的提高，从而验证假说。在模型（2）、模型（5）至模型（6）中居民人均可支配收入分别在5%、1%水平的显著性检验表明其对生育水平的影响为负，即使随着人均可支配收入的提高，家庭也会优先考虑增加在其他方面的支出而非意愿增加生育孩子的数量。在模型（3）至模型（6）中，每十万人口高等学校平均在校生数在1%水平的显著性检验表明其对生育水平的

表5-4　静态面板计量模型检验结果（N＝310）

变量	模型（1）BIR FE	模型（2）BIR FE	模型（3）LNBIR FE	模型（4）LNBIR FE	模型（5）LNBIR FE	模型（6）LNBIR FE
LIG	−2.0949***	−1.8183***	−2.2605***	−2.2537***	−1.9527**	−1.4729*
	(0.1751)	(0.1853)	(0.7297)	(0.7384)	(0.7471)	(0.7832)
LIG^2	1.8987***	1.7666***	1.4695*	1.4689*	0.9674	0.8219
	(0.2405)	(0.2180)	(0.6899)	(0.6944)	(0.7102)	(0.7713)
INC		−0.3977**	0.0352	0.0251	−1.3689**	−2.0812***
		(0.1419)	(0.3714)	(0.3698)	(0.5702)	(0.5496)
EDU			−1.5994***	−1.5786***	−1.8912***	−2.0344***
			(0.1834)	(0.1795)	(0.1950)	(0.1794)
MED				−0.0497	0.1923	0.4888**
				(0.1521)	(0.1728)	(0.1839)
HOU					1.5782***	2.1018***
					(0.4544)	(0.4312)
SOC						−0.9695***
						(0.3023)
1bn. dum						
2. dum	−0.0541***	−0.0788***	−0.0517**	−0.0501**	−0.0344*	−0.0279
	(0.0122)	(0.0102)	(0.0190)	(0.0201)	(0.0185)	(0.0161)
3. dum	−0.0142	−0.0398*	−0.0920***	−0.0872**	−0.1012***	−0.0733**
	(0.0225)	(0.0213)	(0.0296)	(0.0335)	(0.0308)	(0.0327)
4. dum	−0.4789***	−0.5056***	−1.6581***	−1.6510***	−1.6717***	−1.5371***
	(0.0279)	(0.0260)	(0.1386)	(0.1434)	(0.1384)	(0.1487)
_cons	0.6151***	0.7138***	−0.1644**	−0.1488*	−0.0293	0.0927
	(0.0173)	(0.0326)	(0.0609)	(0.0757)	(0.0864)	(0.0988)
N	496	496	496	496	496	496
WithinR^2	0.5729	0.5823	0.7580	0.7581	0.7678	0.7782
year	控制	控制	控制	控制	控制	控制

注：括号内为 t 值，*、**、***分别表示在10%、5%、1%的水平上显著。

提升有着负向抑制作用，即随着教育水平的提高及教育年限的增长，育龄时间缩短了，进而降低了生育水平。在模型(6)中每十万人口拥有的医疗机构床位数在5%水平的显著性检验表明其对生育水平的提升有着正向促进作用，即国家或地区的医疗体系结构越完善则会使普通民众越愿意生育更多孩子。模型(5)、模型(6)中商品房销售价格在1%的水平下对生育水平有正向作用，当前相关学者围绕房价、租金等方面研究生育率下降的现象有以下观点。一是因家庭总收入不高当房价上涨时因无法负担而导致生育意愿的下降；二是对于已持有房产的居民来说，住房价格上涨反而会使居民的生育意愿上升，因为房价上涨在一定程度上意味着住房财富的增加；三是认为居住价格对生育意愿没有影响。所以房价对生育水平的影响还需进行更深入的研究，在本书中认为房价对生育水平有正向作用。在模型(6)中，城镇养老保险水平每提高1%，生育水平会下降0.9695%。因为个人的养老情况有所保障，"养儿防老"观念在逐渐淡化。虚拟变量回归结果表明，以东部地区作为对比对象，中部地区、西部地区、东北部地区随城镇化水平的提高其生育水平比东部地区生育水平的下降程度要高。其中东北部地区的生育水平下降最快。

三、动态面板模型分析

内生性是在宏观经济问题研究中较为常见的问题，且收入水平、医疗结构、社会保障等都具有很强的相关性，容易因为内生性问题造成计量结果的误差。本书采用系统 GMM 模型对静态面板模型结果作进一步检验。并参考张鹏飞的观点增加了两个工具变量(男女性别比和离婚对数)。模型(1)至模型(4)的结果显示：城镇化水平对生育水平的影响一次项系数显著为负，二次项系数显著为正，即当国家还处于高速发展阶段时，城镇化水平还不高。为推进经济发展而忽视了医疗体系的升级、房价的调控、教育的公平性等一系列社会问题，所以生育率便出现逐年降低的趋势；但随着国家全面建成小康社会，国家经济从高速发展阶段转变到高质量发展阶段，城镇化发展重心也从重"量"转至以人为本的高质量发展，更关注普通民众的生活是否幸福，所以在城镇化水平进入更高阶段时会使生育水平提高（表5-5）。

表5-5 动态面板计量模型检验结果（$N=480$）

变量	模型（1）BIR SYS-GMM	模型（2）BIR SYS-GMM	模型（3）BIR SYS-GMM	模型（4）BIR SYS-GMM
L. BIR	0.5841 ***	0.5846 ***	0.5037 ***	0.4849 ***
	（0.0218）	（0.0260）	（0.0338）	（0.0376）
LIG	−0.9392 ***	−0.9484 ***	−1.8546 ***	−1.4922 ***
	（0.1091）	（0.0939）	（0.3413）	（0.3254）
LIG^2	1.0287 ***	1.0346 ***	1.9885 ***	1.6543 ***
	（0.1857）	（0.1603）	（0.3977）	（0.3667）
INC		0.0073	0.2168 *	0.3484 ***
		（0.0896）	（0.1144）	（0.1172）
EDU			−1.5935 ***	−1.4715 ***
			（0.0745）	（0.0748）
MED				−0.1853 ***
				（0.0557）
HOU				
SOC				
_cons	0.0197	0.0289	−0.0571	0.0226
	（0.0310）	（0.0430）	（0.1035）	（0.2334）
N	480	480	480	480
Sargan test	0.012	0.005	0.003	0.151
ar1	0.001	0.011	0.017	0.027
ar2	0.105	0.266	0.521	0.923

注：括号内为 t 值，*、**、*** 分别表示在10%、5%、1%的水平上显著。

在模型（3）至模型（4）中居民收入水平分别在10%、1%水平的显著性检验表明，其增加对生育水平的影响为正，即随着人均可支配收入的提高，家庭会考虑增加生育孩子的数量；教育程度在1%水平的显著性检验表明，其对生育水平的提升有负向作用，随着居民接受教育年限的普遍增加，高学历人群一般会在完成学业后才选择结婚生子，延长了初婚初育年龄，进而对生育率有着抑制作用。模型(5)中社会保障对生育水平有负向作用，当国家的各项生活保障制度得到逐渐完善，老年生活有所保障后，生育观念会潜移默化地发生改变，"养儿防老"观念将不再盛行。

四、稳健性检验

为考察城镇化对生育率的效应结果是否显著，本书以常住人口城镇化率替代上文的灯光数据构建的城镇化水平数据进行检验(表5-6)。

表5-6　稳健性检验

变量	模型(1) BIR FE	模型(2) BIR SYS-GMM	模型(3) BIR SYS-GMM	模型(4) BIR SYS-GMM	模型(5) BIR SYS-GMM
L. BIR		0.4803 *** (0.0248)	0.4920 *** (0.0325)	0.4629 *** (0.0333)	0.4331 *** (0.0324)
URB	−0.8617 *** (0.0497)	−1.1676 *** (0.0840)	−1.3491 *** (0.0692)	−1.0297 *** (0.0992)	−0.8431 *** (0.1196)
URB^2	0.5169 *** (0.0956)	0.6495 *** (0.0673)	0.5773 *** (0.0975)	0.7201 *** (0.1634)	0.4537 ** (0.2133)
控制变量	控制	控制	控制	控制	控制

注：括号内为 t 值，*、**、***分别表示在10%、5%、1%的水平上显著。

检验结果表明，城镇化率对生育水平影响的一次项系数在1%的水平上显著为负，二次项系数为正，均通过了显著性检验，表明城镇化率与生育水平间存在"U"形关系，再次验证了研究假设。

五、空间溢出效应分析

(一)空间自相关检验

在进行空间计量分析前，首先判断城镇化水平与生育水平在空间上是否存在相关性及整体属性值的关联程度。在实际应用中，Moran's I 因其全局性和稳健性，在相关研究中最为常用。

Moran's I 指数的数值范围在 $[-1, 1]$ 上，绝对值越大表明空间自相关的程度越高、集聚现象越明显。

当 I>0 时表示存在正相关，即在空间上存在相似属性；

当 I<0 时表示负相关，即在空间上有着明显的差异。

本书对生育水平和城镇化率及城镇化水平进行检验，结果如表5-7所示。

表5-7　生育水平及城镇化的空间相关性检验

Moran's I	生育水平	常住人口 城镇化率	灯光指数 城镇化水平
2004	0.255***	0.260***	0.096**
2005	0.251***	0.285***	0.082**
2006	0.230***	0.291***	0.103**
2007	0.235***	0.295***	0.122**
2008	0.252***	0.297***	0.130**
2009	0.255***	0.306***	0.154**
2010	0.227***	0.299***	0.177***
2011	0.265***	0.291***	0.128***
2012	0.321***	0.283***	0.153***
2013	0.305***	0.285***	0.118***
2014	0.292***	0.285***	0.178***
2015	0.380***	0.295***	0.122***
2016	0.317***	0.300***	0.131***
2017	0.331***	0.303***	0.162***
2018	0.373***	0.301***	0.169***
2019	0.309***	0.299***	0.156***

注：*、**、***分别表示在10%、5%和1%的水平上显著。

检验结果表明，生育水平和城镇化率均表现出不同程度的空间集聚效应。首先，生育水平的 Moran's I 指数在 1% 的水平下显著为正，表明生育水平存在较突出的集聚效应，并且随时间发展集聚效应变动幅度较小；其次，常住人口城镇化率的 Moran's I 指数在 1% 的水平下显著为正，表明存在较突出的集聚效应，并且随时间发展集聚效应略有减弱；最后，灯光指数构建的城镇化水平的 Moran's I 指数在 5%、1% 的水平下显著为正，存在较突出的集聚效应，并且随时间发展集聚效应略有减弱。

(二)空间杜宾检验

上文空间相关性检验结果表明，目前我国生育水平下降与城镇化推进过程在空间上均表现出一定程度的聚集效应，且随着时间的推移，城镇化水平的集聚效应在减弱。接下来，通过构建空间计量模型来考察城镇化进程究竟如何影响了生育水平。

$$y = \rho Wy + DX\beta + WX\gamma + \tau_i + \theta_t + \mu_{it}$$

$$\mu_{it} = \lambda W\mu_{it} + \varepsilon_{it} \tag{5-3}$$

其中，ρ 为内生交互作用下的反映参数；Wy 为本地区与周边相邻地区生育水平的内生交互作用；W 为 $N \times N$ 空间权重矩阵；WX 为城镇化水平外生交互作用；γ 同为反映参数；μ_{it} 扰动项为受其他地区影响的因素；λ 为空间自相关系数。随着地理距离的增加生育观念传播扩散的空间影响逐渐减弱，则 W 选用地理邻接矩阵。当 $\lambda = 0$ 时，此模型可以简写为空间杜宾模型。

根据上文的计量模型，首先进行了普通面板数据回归，再经过 LM 及稳健 LM 对 SLM 与 SEM 进行相互检验，得到 SDM 是灯光数据—城镇化水平空间计量模型的最合适方法。对回归结果和影响差异进行分析，如表 5-8 所示。

由表 5-8 空间计量模型的估计，可得到以下结果：

(1)居民人均可支配收入对生育水平的提高有着显著抑制作用。就空间效应分解结果而言，居民人均可支配收入有显著的负向直接效应、间接效应及总效应。

表 5-8　灯光数据—城镇化水平对生育水平的

空间影响及直接效应、间接效应和总效应

变量	空间分解效应				
	主系数	空间效应系数	直接效应	间接效应	总效应
Ave-lig	0.099	0.729 ***	0.249	1.690 **	1.939 **
inc	−1.199 ***	−0.181	−1.370 ***	−1.847 **	−3.217 ***
edu	−0.589 ***	−0.126	−0.664 ***	−0.948 ***	−1.612 ***
med	−0.082	0.064	−0.084	0.029	−0.055
hou	0.795 ***	−0.262	0.828 ***	0.376	1.204 *
soc	−0.369 ***	−0.540 ***	−0.501 ***	−1.563 ***	−2.064 ***

注：*、**、***分别表示在 10%、5%、1%的水平上显著。

即当居民人均可支配收入每提高 1%时会使生育水平下降 1.199%。且对本地区生育水平有 1.370%的抑制作用，对周边地区生育水平下降有 1.847%的显著空间外溢效应。这表明，随着当地居民收入水平的提升、家庭财富的积累，居民更注重高质量的生活及个人精神追求，进而使生育意愿降低，减少孩子生育数量。而家庭财富一旦增加，那么为了个人及家庭未来生活质量的提高会选择迁移到周边更发达省份，所以当收入水平提高时对周边地区的生育水平有显著的抑制作用。这也解释了为什么北京聚集众多高收入、高学历人群，却有着极低的生育率。

（2）教育程度的提升就偏回归系数而言显著为负。空间效应分解结果表明，教育程度对生育水平的提升有显著的负向直接、间接、总效应。即当教育程度每提升 1%时会使生育水平下降 0.589%。且对本地区生育水平有 0.664%的抑制作用，同时对周边地区生育水平有 0.948%的显著负的空间外溢效应。这表明，当本省的受教育程度较高时，因为在学校的时间被拉长使育龄女性晚婚晚育进而影响到生育水平；当人才质量更高时，为了事业会选择迁移到外省，从而降低了人才聚集地的低生育水平。

（3）商品房销售价格对生育水平的偏回归系数及空间滞后项的偏回归系数均

有显著的正向作用。当本地区房价每提高1%时会使生育水平提高0.795%。对本地区生育水平有0.828%的正向促进作用，对周边地区生育水平提高有0.376%的空间外溢效应。这表明，对于拥有房产的住户而言，房价上涨意味着家庭财富的增加，从而会提高生育意愿，同时也间接说明我国中等以上收入家庭数量的增加。

（4）城镇养老保险水平的偏回归系数与空间滞后项的偏回归系数均显著为负。就空间效应分解结果而言，城镇养老保险水平有显著的负向直接效应、间接效应、总效应。即当本地区城镇养老保险水平每提高1%时会使生育水平下降0.369%。对本地区生育水平有0.501%的抑制作用，对周边地区生育水平下降有1.563%的空间外溢效应。这表明，当地城镇养老保险水平的提高会使本地区的城镇居民对自己未来的养老问题卸下负担，"养儿防老"传统观念的不断淡化致使生育意愿不断下降。进一步来看，在"灯光数据—城镇化水平"对生育水平的影响过程中，居民人均可支配收入、教育水平、城镇养老保险水平对生育水平有显著的负向作用。商品房销售价格对生育水平有显著的正向作用。同时，以上影响因素的空间外溢间接效应均强于对本地区的直接影响效应。

第三节　进一步检验：户籍城镇化对生育意愿的影响效应

一、变量描述、模型构建与数据来源

（一）变量描述

被解释变量：采用问卷"若无政策限制，希望有几个孩子"作为衡量生育意愿的指标。将该问卷回答整理分组，并分别设置虚拟变量，用以针对不同类型的生育意愿问题进行研究，在剔除无效数据后整理了 12023 份样本。解释变量：设定"当前户口登记状况"为户籍城镇化的虚拟变量，并针对后续不同研究方向设立不同数值。考虑到户籍政策改革，部分地区农村和城镇户口统一，划分为居民户口，选取"居民户口（以前是农村户口）"作为户籍城镇化指标，以考察户籍改革政策对生育意愿的影响。控制变量：户籍城镇化过程中，外界因素干扰往往会潜移默化地影响并改变个体的生育观念，这些外界干扰由不同因素组成，包括身边群体、物质财富差异、年龄、性别、个人收入情况、是否参加城镇/农村基本养老保险、个人健康情况、是否已有子女及拥有房产数等的影响。其中，年龄变量又将不同年龄段细化分为"青年组""成年组""老年组"来考察不同年龄段对于生育意愿的选择。此外，由于受访者来自不同地区，无法用统一的收入标准来衡量个体收入水平。

鉴于此，本书参考陈建新等（2021）的方法，将《中国统计年鉴（2017）》中各地区居民人均收入作为参考依据，若样本收入水平大于该年所属地区居民人均收入的两倍，则认为是高收入水平；若样本收入水平低于该年地区居民人均收入的 1/3，则认为是低收入水平，处于二者之间的为中等收入水平。性别设置男性为 1 的虚拟变量。考虑到个人老龄生活能否得到有效保障，会影响当前的生育决策，因此设置是否参加城镇/农村基本养老保险作为控制变量。家庭组成结构及住房状况也会对生育意愿产生不可忽视的作用，本书采用是否已有孩子、拥有房产数进行衡量。具体而言，家中是否有孩子可能对生育意愿产生决策变动，故设置了"无子女"和"有子女"两组变量。拥有房产数取值为 0~3，如表 5-9 所示。

表 5-9　变量说明

变量	含义	定义
fer	愿意生孩子数量	0=无生育意愿 1=有生育意愿

变量	含义	定义
urb	是否为农业户口	0＝农业户口 1＝非农业户口
age	年龄	1＝18~26岁低育龄组 2＝27~36岁中育龄组 3＝37~49岁高育龄组
gender	性别	0＝女性 1＝男性
per_inc	个人上年一年收入	1＝低收入 2＝中等收入 3＝高收入
insure	是否参加城镇/农村养老保险	0＝已参保 1＝未参保
health	健康状况	1＝不健康 2＝一般 3＝健康
child	是否已有子女	0＝无子女 1＝已有子女
house	拥有房产数	1＝无房产 2＝有一套至两套房产 3＝有两套以上房产

（二）模型构建

本书对生育意愿的分析分为第一组"有无生育意愿"和第二组"愿意生几个孩子"进行分组回归，因此被解释变量将分别设为二值变量和多值变量，故采用二值选择 Logit 模型和多项 Logit 回归模型（Multinomial Logistic Regression Model）。此外，在多项 Logit 回归分析中，将设置一组参照组 A 和其余对照组 B，用以分析对照组 B 中各解释变量的回归系数 i，经济意义表示为解释变量 X 每增加一个单位，个体样本选择 B 组的概率相对选择 A 组的概率将增加 OR 倍，其中 OR（Odds Ratio）＝exp$\{\beta_i\}$ 称为概率比或"优势比"，用以衡量样本在两组之间的选择偏好。设定多元 Logit 基本回归模型如下：

$$\text{Logit}\left(\frac{P_j}{1 - p_j}\right) = \alpha_0 + \beta X + \lambda_i \sum K_i + \varepsilon_i \tag{5-4}$$

其中，P_j 为个体 i 选择生育意愿方案 j 的概率，X 为解释变量"户籍城镇化"，β 为解释变量回归系数，K_i 为相关控制变量，λ_i 为控制变量回归系数，α_0 和 ε_i 分别为常数项及误差项。

（三）数据来源

本书使用的是 2017 年中国综合社会调查微观数据（Chinese General Social Survey，CGSS）。CGSS 是全国性大型调查项目，自 2003 年起，该项目全面收集来自社会、家庭及个人的多层次数据，为各类政府决策与学术研究提供数据资料，是目前研究中国社会问题的重要数据来源之一，调查共包含有效样本 12582 份。

二、实证分析

（一）二值变量回归分析

在对数据进行分析筛选并删除个别异常取值后，有效样本数据在对是否愿意生育孩子的问题上，有 98% 的受访者选择了希望生育孩子，仅有 2% 的样本无任何生育意愿。统计数据初步表明大多数受访者具有生育意愿，但加入影响因素变量后，个体是否会对生育意愿产生不同的差异性选择，是本书需要探讨的关键问题。本书采用 Stata15 进行二值 Logit 回归，以获得更全面的分析结论。

如表 5-10 所示，在引入控制变量前，urb1 的回归系数为 -0.819，且在 1% 的显著性水平下拒绝原假设，相对于农村人口，城镇人口选择生育的概率为不生育概率的 0.44 倍，且显著性水平较高，表明在不涉及其他控制变量的前提下，在 1% 的显著性水平上，城镇人口相比农村人口具有更低的生育意愿，因此假设 1 成立。在引入各控制变量后，模型整体显著，城镇化系数由 -0.819 降至 -0.519，但仍具有负向的回归系数，表明当引入各控制变量后，城镇居民受到多方面因素影响，对生育的意愿产生明显波动，但总体而言相较农村人口生育意愿仍较低。在控制变量方面，除性别与健康因素外，其余控制变量基本是在 5% 的水平下通过了显著性检验。具体来说，高育龄群体、收入水平越高、已有孩子及拥有房产数越多的个体，表现出显著的生育意愿。这表明，当只考虑是否生育这一选择问题上，年龄越大的个体可能受传统"子女养老"观念的影响，表现出对生育较为显著的偏好。收入水平越高的个体其生育意愿越强，主要是由于物质财富越丰富的家庭，越具备承担生育成本的能力，良好的健康状况是生育的重要前提之一。基本养老保险对生育意愿具有明显的抑制作用，一方面，由于政府社会保障项目具有"替代效应"，即在居民增加变相收入水平的同时，会减少相应的付出或劳动，因此参加城镇乡村养老保险，会对生育意愿产生一定的"挤出效应"；另一方面，社会保障的提高降低了"养儿防老"的预防动机，此外，已有孩子的家庭和拥有多套房产的个体也表现出显著的生育偏好。

表 5-10　二值 Logit 回归结果

变量	回归系数	p 值	回归系数	p 值
urb1	-0.819 *** (0.131)	0.000	-0.519 *** (0.194)	0.007
age	—	—	0.540 *** (0.131)	0.000
gender	—	—	0.165 (0.188)	0.381
per_inc	—	—	0.304 ** (0.153)	0.046
insure	—	—	-0.578 *** (0.215)	0.007
health	—	—	0.076 *** (0.215)	0.641
child	—	—	1.272 *** (0.248)	0.000
house	—	—	0.425 ** (0.217)	0.050
常数项	—	—	1.085 (0.682)	0.111
LR	41.46	0.000	102.41	0.000
样本量	11977	—	5061	—

注：*、**、***分别表示在10%、5%、1%的水平上显著，括号内为标准差。

（二）多项 Logit 回归分析

1. 户籍转变对生育意愿影响的差异性分析

上文结果表明，城镇居民相比农村居民具有更低的生育意愿，但在"二胎政策"影响下，居民是否受该政策影响，从而改变原本生育个数的意愿，本书采用多项 Logit 模型基于生育三个子女为观测组，用以衡量在引入生育子女个数的选择后，居民对不同生育个数的选择偏好。如表 5-11 所示。

表 5-11　户籍转变差异性分析回归结果

变量	无生育意愿（1）		生育一个子女（2）		生育两个子女（3）	
	回归系数	p 值	回归系数	p 值	回归系数	p 值
urb1	0.765 *** (0.219)	0.000	0.587 *** (0.123)	0.000	0.139 (0.112)	0.214
age	-0.647 *** (0.150)	0.000	-0.133 (0.089)	0.135	-0.107 (0.081)	0.186
gender	-0.299 (0.212)	0.157	-0.114 (0.118)	0.335	-0.160 (0.106)	0.132
per_inc	-0.336 ** (0.172)	0.050	-0.194 (0.096)	0.840	-0.038 (0.087)	0.661
insure	0.534 ** (0.239)	0.025	-0.103 (0.126)	0.414	-0.024 (0.113)	0.834
health	0.065 (0.177)	0.712	0.122 (0.889)	0.170	0.169 ** (0.079)	0.032
child	-1.513 *** (0.268)	0.000	-0.505 *** (0.126)	0.000	-0.177 (0.115)	0.123
house	-0.359 (0.252)	0.155	0.026 (0.155)	0.869	0.089 (0.142)	0.525
常数项	1.293 * (0.771)	0.094	1.086 *** (0.439)	0.013	1.894 (0.398)	0.000
LR	209.74 ***					
样本量	5059					

注：*、**、***分别表示通过 10%、5%、1% 的显著性检验，括号内为标准差

组（1）至组（3）户籍城镇化 urb1 的回归系数依次为 0.765、0.587、0.139，即引入户籍城镇化因素后，城镇居民无生育意愿、生育一个子女及两个子女意愿的概率分别为生育三个子女的 2.15 倍、1.79 倍、1.15 倍。这表明就全样本而言，城镇居民普遍选择不生育或只生育一个子女，且随着生育数量的递增而减少生育多胎的可能。契合了前文关于城镇居民相对农村居民具有更低的生育意愿的结论，进一步验证了在不同生育个数选择上，城镇居民对不生育或只生育一个表现出明显的偏好。可能的原因在于城镇化过程中带来的教育成本的加剧、房价的提升等不经济的条件，导致居民对于多胎生育的各项预期成本提高，故而选择降低生育数量。与之不同的是，在控制变量方面，高育龄群体依然具有更高的生育意愿，收入越高的群体选择"不生育"的概率是选择"生育三胎"的 0.71 倍，即收入越高，越偏向选择生育多胎。而社会保障具有不同的表现，选择"不生育"的概率是"生育三胎"的 1.7 倍，但生育一胎或二胎的概率为 0.9 倍和 0.98 倍，表明参加社会保障的群体普遍具有较低生育意愿，但三胎的生育意愿又高于一胎或二胎。这表明，在户籍城镇化的进程中，对社会资源配置起到了积极的调节作用，有效地提高了社会保障制度的效率水平，在一定程度上弱化了政府公共福利对生育意愿的"挤出效应"，促进了居民整体的多胎生育意愿。

2. 分样本回归

为进一步探讨不同样本环境对生育意愿在不同群体间的差异。本书分别根据收入因素、年龄因素、地区因素进行分样本回归。其中，收入采用 2017 年《国家统计年鉴》中各地区居民人均收入作为参考依据，若样本收入水平大于该年所属地区居民人均收入的两倍，则认定为高收入水平，若样本收入水平低于该年地区居民人均收入的 1/3，则认定为低收入水平，处于二者之间的认定为中等收入水平；年龄则将 18～26 岁设为低育龄组，27～36 岁设为中育龄组，37～49 岁设为高育龄组；地区则按东中西部进行划分。具体划分如表 5-12 所示。回归仍采用多项 Logit 模型，被解释变量以生育三个子女为观测组。

表 5-12 样本分组划分

分组依据	(1)	(2)	(3)
分年龄	低育龄	中育龄	高育龄
分收入	低收入	中等收入	高收入
分区域	东部	中部	西部

表 5-13 为分样本回归结果。结果报告了在不同样本分组下，城镇居民相对于三胎生育方案的概率系数。在年龄分组上，组（2）和组（3）无生育系数分别为 0.944 和 1.047 且通过了显著性检验，表明城镇户籍对三孩生育意愿的抑制作用主要体现在中育龄和高育龄群体。同时，无生育意愿的程度随着年龄的增加呈递增趋势，表明当前低育龄群体依然是生育的主力军。对于城镇居民而言，生育一个至两个子女的概率随着年龄的增加表现为倒"U"形趋势，即中育龄群体对拥有子女的渴望最为强烈，其次为高育龄和低育龄群体。在收入分组上，对低收入群体影响效果最为显著，其中，低收入群体选择不生育概率相对最高，表明此时收入对生育产生的替代效应大于收入效应，低收入群体受制于生活成本开销，对生育产生了明显的规避效应。此外，不同的收入群体对生育个数的选择仍表现为生育一个子女为最佳选择。在地区分组上，户籍城镇化对于东部、中部地区的生育影响效果较为显著，且中西部地区选择不生育的样本小于只生育一个的样本，表明对于中西部地区而言，户籍城镇化在一定程度上缓解了低生育意愿的现象。相反，对于东部地区而言，户籍城镇化抑制了居民的生育意愿，可能是由东部地区快速城镇化所带来的城市不经济现象较为突出所致。

图 5-2 至图 5-4 直观反映了在不同样本分组下，户籍城镇化对于生育个数意愿的影响效果。图中横坐标轴反映了意愿的生育个数，纵坐标轴则反映了城镇居民相对于农村居民而言，以"生育三胎"为基准的其他可能生育个数选择的概率。因此数值越高，更能反映户籍转变对个体的生育意愿影响效果是否显著。根据图

表5-13 分样本下户籍城镇化对生育个数的影响分析

样本	生育意愿								
	(1)			(2)			(3)		
	无生育	生育一个	生育两个	无生育	生育一个	生育两个	无生育	生育一个	生育两个
分年龄	0.297	0.324	0.069	0.944**	0.733***	0.234	1.047***	0.562***	0.050
	(0.427)	(0.345)	(0.326)	(0.417)	(0.216)	(0.198)	(0.409)	(0.172)	(0.153)
分收入	1.121***	0.934***	0.475***	0.614***	0.603***	0.057	0.782	0.401*	0.287
	(0.273)	(0.145)	(0.115)	(0.209)	(0.098)	(0.082)	(0.609)	(0.249)	(0.215)
分区域	1.293***	0.878***	0.300***	0.149	0.343***	0.199**	0.209	0.442***	0.095
	(0.251)	(0.115)	(0.096)	(0.299)	(0.135)	(0.107)	(0.431)	(0.178)	(0.129)

注：＊、＊＊、＊＊＊分别表示通过10%、5%、1%的显著性检验，括号内为标准差。

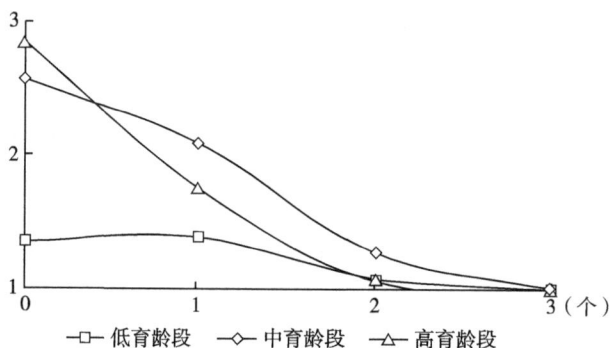

图5-2 分年龄检验生育意愿关系

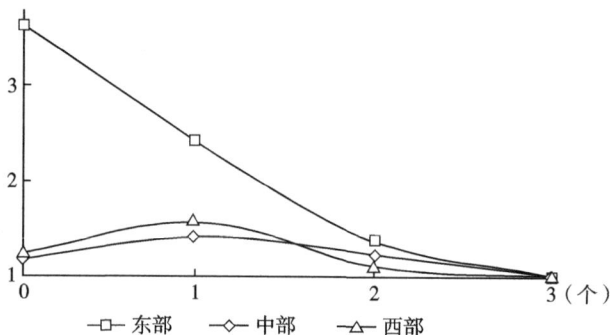

图5-3 分区域检验生育意愿关系

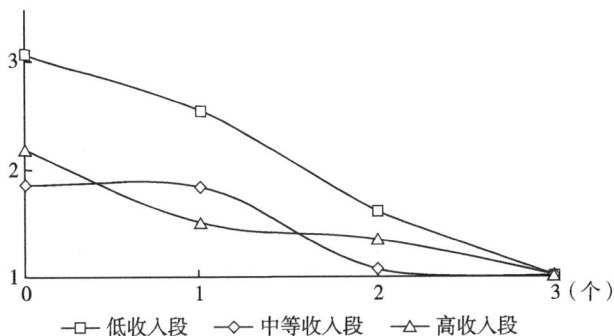

图 5-4　分收入检验生育意愿关系

5-6 可知，总体来说，中高育龄群体、低收入群体及东部地区受到户籍改变的作用后，对生育个数的意愿将产生较为显著的影响效果。在生育个数的选择上，户籍转变对生育一个子女的影响最显著，但会在不同样本分组下表现出一定的差异性。其中，户籍城镇化对低育龄组影响有限，但对中高育龄的城镇居民而言，会表现出更显著的"无生育意愿"，可能受年龄的限制，无法承受生育对身体带来的压力。不同收入群体对多胎生育意愿表现出显著影响，对低收入和高收入群体而言，户籍的转变将使居民显著提高二胎生育意愿。而在中西部地区，户籍城镇化与生育个数的关系表现为倒"U"形，表明在中西部地区，户籍的转变有效促进了居民的生育意愿，且主要是对生育一胎的影响。整体而言，户籍城镇化对不同群体的生育意愿影响效果具有显著的差异性，因此假设 2 成立。

（三）稳健性检验

1. 基于 PSM 倾向得分匹配法

居民户籍转变对生育意愿的选择可能受到个体差异性影响，为解决样本的选择性偏倚，本书首先采用 PSM（倾向得分匹配法）对前文结论进行进一步验证，通过匹配相似样本，使样本之间具有相似的禀赋特征，从而缓解变量之间内生性的影响。为衡量户籍政策冲击的影响效果，设置"居民户口（以前是农业户口）"

为处理组，"农业户口"为控制组，协变量则选取上文所用的控制变量，同时采用四种估算方法对共同取值范围内的观测值进行匹配。如表5-14所示，这四种检验方法下的 ATT(参与者平均处理效应)均表现显著。图5-5反映了各变量匹配前后标准化偏差的变化，匹配后的变量偏差值均处于较低水平，图5-6表明，大多数观测值均在共同取值范围内，因此在倾向得分匹配过程中仅损失少量样本，表明协变量设置合理，本书整体模型稳健。

表5-14　PSM检验结果

检验方法	ATT	S.E	P	N
k 近邻匹配($k=2$)	-0.108^{***}	0.021	0.000	5059
卡尺匹配($\varepsilon=0.07$)	-0.117^{***}	0.019	0.000	5059
卡尺内的 k 近邻匹配 ($k=4$, $\varepsilon=0.07$)	-0.082^{**}	0.037	0.028	5059
核匹配	-0.112^{***}	0.019	0.000	5059

注：*、**、***分别表示在10%、5%、1%的水平上显著。

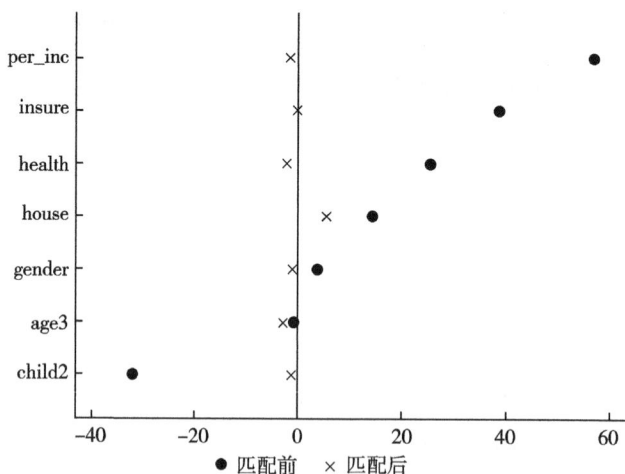

图5-5　匹配前后各变量标准化偏差

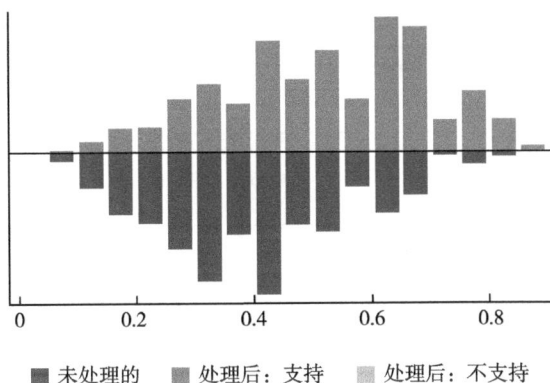

未处理的　　处理后：支持　　处理后：不支持

图 5-6　倾向得分的共同取值范围

2. 替换估计方法

考虑到被解释变量愿意生育孩子的个数为计数变量，在删除异常值后采用泊松回归及 Probit 回归分别对模型进行分析，结果如表 5-15 所示。从结果来看，均通过了 F 检验，模型整体显著，解释变量 urb1 在两种回归结果下依然通过了1%的显著性水平检验，且系数分别为-0.013、-0.227，表明城镇居民确实在生育数量上所带来的边际效用持续递减，与上文结论相一致。同时从各控制变量来看，影响效果同样显著，系数符号所表达的含义与前文结论具有一致性，影响效果在整体上与预期相吻合，进一步验证了上文结论的稳健性。

表 5-15　泊松、OLS 回归结果

变量	泊松回归		Probit 回归	
	回归系数	p 值	回归系数	p 值
urb1	-0.013*** (0.005)	0.008	-0.227*** (0.083)	0.006
age	0.016*** (0.004)	0.000	0.232*** (0.059)	0.000

续表

变量	泊松回归		Probit 回归	
	回归系数	p 值	回归系数	p 值
gender	0.003 (0.004)	0.526	0.068 (0.083)	0.413
per_inc	0.008** (0.004)	0.049	0.118* (0.068)	0.082
insure	-0.013** (0.005)	0.012	-0.231** (0.097)	0.018
health	0.001 (0.003)	0.728	0.033 (0.069)	0.635
child	0.026*** (0.005)	0.000	0.514*** (0.095)	0.000
house	0.011 (0.008)	0.125	0.195** (0.102)	0.055
常数项	-0.105*** 0.019)	0.000	0.829*** (0.276)	0.003
wald	66.04***	0.000	79.28***	0.000
样本量	5061		5061	

注：*、**、***分别表示通过10%、5%、1%的水平上显著，括号内为标准差。

本章小结

通过对比平均灯光强度与常住人口城镇化率的相关系数发现，城镇化水平能够通过灯光指数来进行综合的测度。在对 2004~2019 年全国层面的空间分布分析后发现，中国的灯光强度由东部沿海地区不断向中部蔓延，并有逐渐向中西部外溢的趋势。生育率较高的地区集中在西部不发达地区，城市化进程较快的东部沿海地区反而出现低生育率的现象。对北京、宁夏两地进行比较分析后发现：北京的夜间灯光强度、城镇化水平较高，并仍在向外扩张，但空间外溢水平不高；宁夏16年间夜间灯光强度显著提升，城镇化水平进展较快，但与北京等发达城市相比城镇化水平仍然较低。

城镇化对生育率影响的静态面板模型分析结果表明，在城镇化水平较低的情况下随着城镇化率的提高会抑制生育率的增长，但当城镇化水平达到较高阶段时随着城镇化率的提升反而会促进中国生育率的提高；空间溢出效应分析结果表明，生育水平与城镇化率存在较突出的集聚效应，并随时间发展集聚效应略有减弱；户籍城镇化对生育率的研究表明，城镇人口相比农村人口具有更低的生育意愿，且城镇居民普遍选择不生育或只生育一个子女，且随着生育数量的递增会减少生育多胎的可能；不同样本环境对生育率的研究表明，中育龄和高育龄群体对生育具有较强抵触性，不同的收入群体对生育个数的选择仍表现为生育一个子女为最佳选择，且不同区域的户籍城镇化对居民的生育意愿具有异质性。

第六章　城镇化过程中城市产业集聚对生育率的影响

第一节　理论假设与实证基础

一、城镇化影响生育率的机制之一：城市产业集聚

2021 年 5 月国家统计局发布的我国第七次人口普查报告显示，截至 2020 年我国的出生人口连续三年滑落，2020 年末人口出生率为 8.5‰，总和生育率为 1.3，均突破了历史最低水平，我国面临严峻的人口形势。从短期来看，低生育率降低了青年抚养比，间接提高了人均收入，但从长期来看，低生育率将加重社会养老负担、减少劳动人口，对经济长期稳定增长形成潜在威胁。成本作为影响家庭经营决策的重要部分，是我国生育率研究中的重点关切。我国学者从成本的角度对低生育率的解释多集中在生育成本。庄渝霞（2009）将生育成本分为生育的家庭成本、生育的社会成本和社会生育成本。社会教育成本、婚姻挤压、房价加大了家庭的生育成本，不利于社会生育水平的提高。作为成本影响的另一种表达，家庭收支同样影响着生育选择。家庭生活消费支出会挤压家庭人口增长，

对生育选择产生替代作用，抑制家庭的生育意愿。但当前大多数研究对家庭成本和支出影响生育决策的讨论仍然未跳脱出微观视角，缺乏将其置于宏观市场叙事中的研究。

随着国家交通业脱贫战略的实施，交通基础设施得到明显的改善，地区之间的联系更加紧密，区域之间和内部的运输成本显著减少。在包含两区域和内生生育率的增长模型中，不同贸易产品成本对经济体的增长率具有不对称影响，造成了两国经济差异和人口分布差异。从运输成本对生育水平的影响路径分析上，Morita 构建了包含两区域的内生生育模型并指出运输成本降低地区商品价格，进而影响家庭消费选择，在替代效应的影响下，降低地区生育率水平。除了低价格商品对生育选择产生替代作用，也有学者从商品的种类分析其对地区生育率的影响。社会商品种类的增加，尤其是随着交通条件的改善，现代物流业快速发展，即使是偏远地区也能获得更多的消费选择，而在替代作用的影响下，商品种类的增加不利于社会生育水平的提高。此外，根据新经济地理学理论，运输成本的减少有助于吸引企业空间集聚，产生规模经济影响该地区商品市场和居民收入水平，从而改变家庭收支相对情况，影响家庭的消费选择。运输成本的下降有助于加快产品与要素的空间流动，增强区域内市场竞争，提高经济社会发展水平。根据新经济地理学市场潜能模型，交通条件的改善有助于降低企业的运输成本，在本地市场效应和价格指数效应的累积作用下，人口会向成本低的地区转移，进而促进产业集聚和人口集聚。产业集聚带来的集聚经济促进了城市规模增长，提高了空间内居民的收入水平，改变了家庭原有的收支格局，进而影响了家庭的生育决策。

通过文献梳理发现现有文献存在两点不足：一方面，现有研究仅考虑了运输成本对商品市场的影响，忽略了运输成本降低带来的集聚经济会从家庭的收支变化上影响家庭的生育决策；另一方面，现有文献仅限于从商品市场的变化角度对替代效应做出解释，而影响居民消费决策的不只是商品价格和种类，还存在居民本身消费心理的变化。当期的快消费心理及快生活节奏促使人们往往偏好快消费带来的即时效用满足，而这一心理与生育行为带来的效用满足的滞后性相矛盾，不利于社会生育水平的提高。结合国内外的研究和不足，本书以中国为例，将集聚经济考虑到运输成本和生育率的二者关系中，探究运输成本、集聚经济和生育率三者之间的变化关系，同时在对替代效应的解释中加入消费心理因素，更加切合了当前经济社会发展中微观主体心理变化的总体基调，并以此提出一些看法。此外，本书将制造业集聚作为集聚经济的衡量指标。制造业作为我国的强国之本，一直是支撑经济发展的重要部分，其不仅从根本上决定了我国的综合竞争力，同时也是影响我国居民生活水平的重要行业。制造业在空间上的集聚差异使居民的消费和支出水平呈现空间分布的高低区别。《中华人民共和国国民经济和社会发展第十四个五年规划和 2035 年远景目标纲要》提出，要把发展实体经济，推进制造强国战略放在发展的重要位置上。因此，本书以制造业集聚衡量集聚经济，从运输成本和制造业集聚经济的角度，分析中国近 15 年来低生育率产生的内在机制，为提高我国生育率提供新的研究视角和决策依据。

本章研究的主要内容包括：①基于新经济地理学理论，探究运输成本、集聚经济和生育率变化的关系，为国内生育率研究提供新视角；②引入制造业集聚作为机制变量，制造业集聚通过影响居民收支水平影响该地区生育水平；③引入消费心理以增加对替代效应的解释。

二、理论假设

运输成本降低会促进地区商品价格降低和商品种类的增加，因此本书以此作为运输成本影响地区生育水平的路径解释，将商品消费作为家庭生育决策的替代选择进行假设分析。假设 i 地区家庭效用 U_i 由该地区的商品消费数量 C_i 和家庭生育孩子的数量 m_i 共同决定，得到运输成本和生育率的关系，进而构建家庭效用函数如下：

$$U_i = A(\delta_1 C_i^\rho + \delta_2 m_i^\rho)^{1/\rho}, \quad \delta_1 > 0, \quad \delta_2 > 0, \quad \delta_1 + \delta_2 = 1, \quad \rho \leqslant 1 \text{ 且 } \rho \neq 0 \qquad (6-1)$$

其中，ρ 为替代参数。

家庭预算约束为：

$$I(1 - \gamma m_i) = P_i C_i \qquad (6-2)$$

其中，I 为 i 地区家庭的代表性收入常数，γm_i 为家庭抚养孩子的成本率，P_i 为消费商品的价格。

通过建立拉格朗日函数求出效用最大化条件下 m_i 的表达式：

$$m_i = \frac{\left[I\gamma(\gamma\delta_1)^{1/\rho-1} + P_i^{\rho/\rho-1} \delta_2^{1/\rho-1} I^{\rho-2} \right]^{-1}}{(\gamma\delta_1)^{1/\rho-1}} \qquad (6-3)$$

由（6-3）式知，家庭生育孩子的数量受到消费商品价格、家庭收入及商品与生育数量的替代弹性的影响。将 m_i 对 P_i 求导得到 $\dfrac{\mathrm{d}m_i}{\mathrm{d}P_i}$，由（4）可知 $\dfrac{\mathrm{d}m_i}{\mathrm{d}P_i}$ 的大小受到 $\dfrac{\rho}{1-\rho}$ 的大小的影响即替代参数 ρ 的影响。当 $\rho \to 1$ 时效用函数为完全替代函数，即家庭生育和消费商品可以完全替代，商品价格越低对提高生育水平的威胁就越大；当 $\rho \to 0$ 时效用函数为科布道格拉斯效用函数，此时替代弹性趋于1；当 $\rho \to -\infty$ 时效用函数为完全互补性函数，商品消费对生育的替代能力趋于无限小。因此得出当商品消费和生育之间的替代关系明显时，商品价格越低生育率越低。根据运输成本和商品消费的关系进而提出以下研究假设。

$$\frac{\mathrm{d}m_i}{\mathrm{d}P_i} = \frac{\dfrac{\rho}{1-\rho}P^{1/\rho-1}\left[\gamma(\gamma\delta_1)^{1/\rho-1} + P^{\rho/\rho-1} \delta_2^{1/\rho-1} I^{\rho-2} \right]^{-2}}{(\gamma\delta_1)^{1/\rho-1}} \qquad (6-4)$$

假设1：生育率的变动受到商品消费和生育数量二者之间替代效应大小的影响，当替代关系明显时商品价格越低，生育率越低即运输成本越低时生育率越低。

根据 Leibenstein 的成本效用理论，家庭收入影响养育成本，收入水平越高，养育成本越高，进而会对生育率形成约束。本书根据成本效用理论的收入比较静态分析，家庭收入水平影响家庭收支，收入水平越高，商品价格相对越低，商品消费和生育之间的替代效应小于收入效应，较高的收入水平有助于提高生育率，即运输成本越低生育率越高。而运输成本是影响制造业企业区位选择的重要变量，交通条件的改善促进制造业集聚，进而产生规模效应，在交通条件好的地区，制造业集聚更容易带来规模经济。因此在制造业集聚度较高的地区，收入水平更高，收入效应带来的生育水平也更高。基于此，提出以下研究假设。

假设 2：制造业集聚带来的高收入效应大于商品消费和生育之间的替代效应时会促进生育水平的提高，即在制造业高度集聚的地区运输成本越低时生育率越高。

第二节　城市产业集聚影响生育率的效应分析

一、变量选取、数据说明与指标测度

（一）变量选取

反映生育水平的指标一般包括总和生育率和出生率，本书被解释变量生育率，采用 2005~2021 年全国 31 个省份（不包括香港、澳门和台湾地区）出生率水平。解释变量运输成本，参考王家庭（2019）的做法，利用主成分分析将2005~2019 年我国各个省份的铁路里程、公路里程、等级路里程、内河航道里程、管道长度、长途光缆线度长度六个指标提取主成分并计算综合得分，指标越大，运输成本越低。此外，根据理论分析，本研究选择制造业集聚水平和收入效应作为机制变量。制造业集聚区位熵反映地区制造业集聚相对水平，如式(6-5)所示，EM_{it} 表示各省制造业城镇单位就业人数，EM_t 表示全国制造业城镇单位就业人数，E_{it} 表示各省工业城镇单位就业人数，E_t 表示全国工业城镇单位就业人数。本书中收入效应是影响家庭生育决策的重要因素，反映了地区家庭相对收入水平，住房支出占现代生活开支比重较大，现有文献多采用房价收入比作为解释变量研究住房价格对生育率变化的影响，本书参考现有文献，选择房价收入比的倒数表征收入效应，见式(6-6)。城市规模选择城镇常住人口规模表示。

$$LQ_{it} = \frac{EM_{it}/EM_t}{E_{it}/E_t} \tag{6-5}$$

$$收入效应 = \frac{城镇人均可支配收入}{商品房销售单价 \times 城镇人均商品房销售面积} \tag{6-6}$$

参考相关文献，本书选取居民消费价格指数、人均 GDP、收入效应、人力资本投入、城镇化率作为控制变量。居民消费价格指数表示居民家庭消费商品和服务的价格水平的变动情况，通常表示通货膨胀水平。人均 GDP 衡量地区经济发展水平。收入效应表示居民相对收入水平的大小，影响着家庭的生育决策。人力资本投入用家庭文教娱乐支出占全部消费性支出比例表示，相关研究表明，家庭对孩子人力资本投入和家庭拥有孩子的数量表现为替代关系。城镇化率用城镇常住人口与总人口比来表示[1]。

(二)数据说明

本书采用 2005～2019 年全国 31 个省份数据，数据主要源自《中国统计年鉴》、《中国房地产统计年鉴》、各省份统计年鉴和统计公报。考虑到数据的平稳性，对部分数据进行对数化处理。表 6-1 是回归数据的描述性统计。

---

[1]　由于统计口径不一致，海南省 2005～2009 年的数据为户籍非农人口数。

表6-1 描述性统计

变量名称	变量符号	样本量	均值	标准差	最小值	最大值
生育率	lnfer	465	2.3997	0.2612	1.6790	2.8870
运输成本	trans	465	1.95E-09	1.4054	-2.3576	5.4829
制造业集聚水平	LQ	465	0.9046	0.1873	0.3958	1.1997
制造业集聚水平与运输成交互项	LT	465	0.0397	1.3699	-2.4140	5.1404
居民消费价格指数	lnprice	465	4.6314	0.0173	4.5814	4.7013
人均GDP	lnperGDP	465	10.3976	0.6475	8.5599	12.0111
人力资本投入	CI	465	0.1168	0.0207	0.0364	0.1715
城镇化率	UR	465	0.5311	0.1458	0.2085	0.8960
收入效应	IH	465	4.1209	3.3773	0.6102	30.4839

（三）指标测度

考虑到运输成本数据处理后可能出现负值问题，本书将所有的运输成本加上大于最大绝对值的最小整数进行正向处理。表6-2表明，我国低生育率分布在东北地区、内蒙古自治区、山西、陕西、湖北、四川、重庆及东部地区的北京、江苏、上海和浙江，其中东北地区的黑龙江、吉林、辽宁三省的生育水平显著更低。高生育率集中在新疆、西藏、青海、宁夏、广西、海南，其余中东部地区的生育率在全国范围内处于中等水平。与生育率分布类似，运输成本高的地区主要集中在新疆、西藏、青海、宁夏和部分中西部地区，其中北京、上海、海南受行政区面积的影响，运输里程较低；运输成本低的地区集中在山东、江苏、湖北、广东、四川及部分中东部地区。从全国总体表现来看，运输成本和生育率呈现同方向变动的关系，运输成本越高的地区生育率越高。我国制造业主要集聚在东部沿海地区，集聚程度总体上从东部沿海向内陆递减。

表6-2 2005~2019年全国各省份生育率、运输成本和制造业集聚均值

省份	生育率	运输成本	制造业集聚
北京	8.22	1.31	1.07
天津	7.71	1.13	1.08
河北	12.62	3.37	0.90
山西	10.71	2.76	0.51
内蒙古	9.20	3.97	0.70
辽宁	6.39	2.59	0.93
吉林	6.63	2.29	0.89
黑龙江	6.98	3.50	0.67
上海	8.00	1.39	1.17
江苏	9.43	5.50	1.14
浙江	10.52	3.40	1.17
安徽	12.80	3.58	0.83
福建	12.71	2.25	1.15
江西	13.52	2.90	0.97
山东	12.77	4.66	0.99
河南	11.93	3.99	0.91
湖北	10.58	4.34	1.05
湖南	12.77	4.34	0.96
广东	11.72	4.81	1.17
广西	14.15	2.83	0.99
海南	14.51	0.84	0.89
重庆	10.39	2.42	1.01
四川	9.95	5.74	0.94
贵州	13.57	2.73	0.78
云南	13.02	3.55	0.88
西藏	15.87	1.56	0.51
陕西	10.25	2.97	0.85
甘肃	12.30	2.37	0.79
青海	14.61	1.78	0.83
宁夏	13.93	1.06	0.66
新疆	14.94	3.05	0.66

为进一步探究各个地区的运输成本、制造业集聚和生育率的时间趋势变化关系，本书设置地区虚拟变量，图6-1至图6-3表示东部、中部、西部、东北部四个地区运输成本和生育率随时间变化趋势。不同地区之间生育率时间趋势变化具有显著差异性，2017年之前中东部地区生育率总体随时间增加，与运输成本变化方向相反；西部地区在2010年之前生育率趋于下降，2010~2017年生育率变化总体趋势和中东部类似，呈现上升趋势；东北地区较为特殊，生育率水平总体处在下降趋势。2017年之后，我国各个地区的生育水平相比之前有显著下降，在2019年末都跌破历年最低。

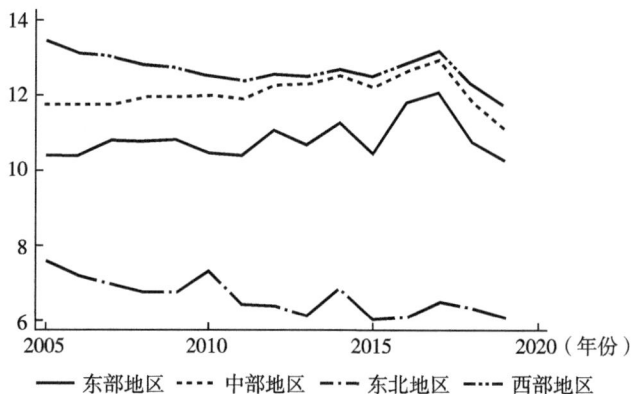

图6-1　历年生育率地区时间趋势

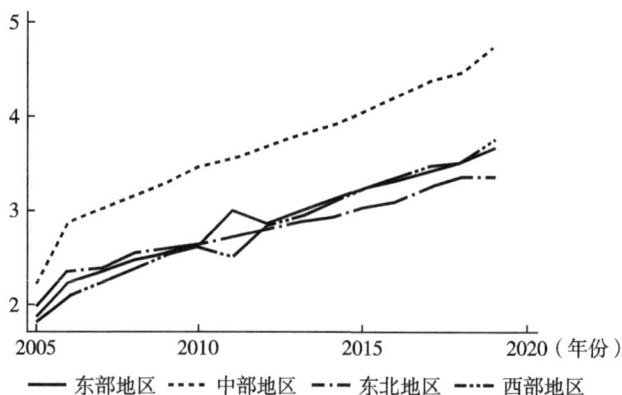

图6-2　历年运输成本地区时间趋势

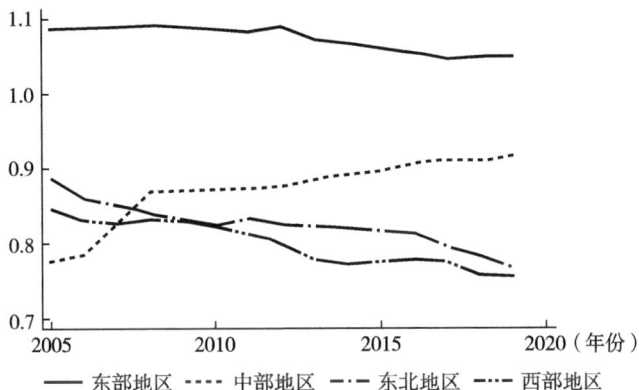

图6-3　历年制造业集聚地区时间趋势

　　在数值表现上，西部地区生育水平最高，其次是中部地区和东部地区，东北地区生育水平要远低于其他地区。随着我国交通事业的发展，运输里程逐年增加，各个地区的运输成本水平总体呈现明显的下降趋势，中部地区交通里程增加速度最快，交通里程最高，其次是西部地区在2012年之后交通里程有明显的增加趋势，"十三五"时期我国加快西部地区交通基础设施建设，努力实现交通领域脱贫，同时加上西部地区行政区域面积大，在2015年之后西部地区交通里程仅次于东部地区。东部地区制造业集聚程度最高，西部地区制造业集聚程度最低。随着我国经济发展方式的转变，东部制造业集聚程度有所下降，制造业开始向中部地区转移，而西部和东北地区制造业集聚总体上仍处于下降状态。

二、实证分析

（一）模型构建

为验证理论假设，本书基准模型设置如下：

$$Infer_{it} = \alpha_0 + \alpha_1 trans_{it} + \sum \alpha_m X_{mt} + \lambda_t + \mu_i + \varepsilon_{it} \tag{6-7}$$

其中，X 为控制变量矩阵，λ_t 为不时间变化的个体效应，μ_t 为不随个体变化的时间效应，ε_{it} 为随机扰动项。

为进一步检验制造业集聚是否具有门槛效应，本书构建如下面板门槛效应模型：

$$Infer_{it} = \gamma_0 + \gamma_1 trans_{it} \times I(T \leq \tau) + \gamma_2 trans_{it} \times I(T > \tau) + \sum \gamma_m X_{mt} + \mu_i + \varepsilon_{it}$$

$$(6-8)$$

其中，$trans$ 为受门槛变量影响的核心解释变量；T 为门槛变量；τ 为门槛值；$I(\cdot)$ 为函数，在满足条件时取 1，其他情况时取 0。

模型(6-7)是单门槛模型，考虑到制造业集聚可能存在多门槛的情形，构建多门槛效应模型：

$$Infer_{it} = \beta_0 + \beta_1 trans_{it} \times I(T \leq \tau_1) + \beta_2 trans_{it} \times I(\tau_1 < T \leq \tau_2) +$$

$$\beta_3 trans_{it} \times I(T > \tau_2) + \sum \beta_m X_{mt} + \mu_i + \varepsilon_{it} \qquad (6-9)$$

(二)回归分析

1. 整体回归结果分析

考虑到数据可能存在自相关性和异方差性造成豪斯曼检验失效，进行序列相关和异方差性的检验，结果显示存在自相关性和异方差性。选用稳健的豪斯曼检验判断是固定效应还是随机效应分析，在1%的水平下拒绝原假设即选择固定效应模型。本书选择聚类稳健的时间个体双固定效应模型，如表6-3所示。

如表6-3所示，模型6-7未加入制造业集聚及交互项，运输成本和生育率呈现反向变动关系，即运输成本越低生育率越高，而当考虑制造业集聚对运输成本的边际影响后，运输成本和生育率呈现显著的同向变动关系，即运输成本越低，生育率越低。由于引入交互项后解释变量和被解释变量的符号发生转变，这可能受到多重共线性的影响，为了增加可靠性，本书对数据进行去中心化处理，处理后的结果和原有结果基本一致。与假设1相符合，运输成本和生育率之间的关系不是简单的线性关系，而是受到替代效应大小的影响，呈现不同的变化方向。在未加入交互项之前模型设定较模糊，此时替代效应不明显且运输成本和生育率呈现反向变动的关系，在加入制造业与运输成本的交互项之后，考虑到制造业集聚和城市规模对运输成本边际贡献的影响，模型设定更加精确，运输成本和生育率

表 6-3　基准回归

变量名称	变量符号	（1）	（2）	（3）	（4）	（5）	（6）	（7）	（8）
运输成本	trans	0.0585** (2.112)	0.0593** (2.176)	0.0497* (1.886)	0.0510* (1.995)	0.0463* (1.850)	0.0385 (1.510)	0.0374 (1.467)	-0.213*** (-3.263)
居民消费价格指数	lnprice	—	1.308* (1.708)	1.585* (2.013)	1.478* (1.862)	1.090 (1.479)	1.227 (1.632)	1.161 (1.478)	0.739 (1.172)
人均 GDP	lnperGDP	—	—	0.124 (1.387)	0.144* (1.743)	0.152* (1.981)	0.110 (1.223)	0.105 (1.206)	0.0869 (1.122)
收入效应	IH	—	—	—	0.00418 (1.155)	0.00402 (1.223)	0.00469 (1.381)	0.00465 (1.368)	0.00225 (0.793)
人力资本投入	CI	—	—	—	—	-1.166*** (-2.775)	-1.263*** (-2.820)	-1.277*** (-2.850)	-0.688* (-1.918)
城镇化率	UR	—	—	—	—	—	0.410 (0.961)	0.398 (0.934)	0.441 (1.072)
制造业集聚水平	LQ	—	—	—	—	—	—	0.0718 (0.626)	0.0194 (0.240)
制造业集聚水平与运输成本交互项	LT	—	—	—	—	—	—	—	0.266*** (3.602)
常量	Constant	2.475*** (61.93)	-3.569 (-1.008)	-6.039 (-1.557)	-5.783 (-1.487)	-3.913 (-1.095)	-4.333 (-1.211)	-4.039 (-1.100)	-1.955 (-0.677)
观测值	N	465	465	465	465	465	465	465	465
R^2	R-squared	0.184	0.192	0.213	0.220	0.247	0.252	0.254	0.346
调整后的 R^2	Ajusted R^2	0.319	0.319	0.319	0.319	0.319	0.319	0.319	0.319

注：*、**、***分别表示在 10%、5%、1%的水平上显著。

的关系发生了改变。在模型 6-8 中，制造业集聚和运输成本交互项的系数符号与运输成本的系数符号相反，表示制造业集聚程度的加强减弱了运输成本对生育率的正向影响，这与假设 2 一致，我国制造业主要集中在东部沿海地区，受到集聚经济的影响区域的收入水平也相对较高，因此高收入水平弱化了运输成本对生育率水平的正向影响。

2. 分组回归结果分析

考虑到我国东中西部及东北地区生育率水平的差异性，运输成本变动对生育率的影响可能存在异质性，因此本书以地区为特点尝试进行分组研究。由于在分组后各组的个体数减少，短面板数据变为长面板数据，经过检验此时随机扰动项存在自相关和异方差问题，不存在截面相关问题，本书选择 FGLS 方法进行估计，估计的结果如表6-4所示。

表6-4　分组回归

变量名称	变量符号	东部	中部	西部	东北
运输成本	trans	−0.0300*** (−3.62)	−0.0359*** (−4.20)	−0.0326*** (−3.66)	−0.0194** (−2.91)
居民消费价格指数	Inprice	−0.0283 (−0.07)	0.0535 (0.12)	0.0273 (0.06)	−0.357 (−1.00)
人均GDP	InperGDP	0.0959* −2.11	0.211*** 4.91）	0.191*** (4.46)	−0.0337 (−1.03)
收入效应	IH	−0.0017 (−1.04)	−0.0025 (−1.47)	−0.0019 (−1.16)	0.0004 −0.27
人力资本投入	CI	−0.00668 (−0.02)	−0.149 (−0.53)	−0.0813 (−0.29)	−0.314 (−1.36)
城镇化率	UR	−1.747*** (−10.79)	−1.767*** (−10.61)	−1.694*** (−9.87)	−0.945*** (−8.15)
常量	constant	2.366 (1.19)	0.976 (0.46)	1.247 (0.62)	4.877** (2.93)
观测值	N	465	465	465	465

注：*、***、***分别表示在10%、5%、1%的水平上显著，括号内为 t 值。

根据表6-3的结果，在进行分组回归后每个地区的运输成本和生育率皆表现为同方向变动的关系，即运输成本的降低也降低了区域的生育率水平，这与加入交互项回归后的系数符号一致。在进行分组回归后，消减了原先整体回归时巨大的地区差异性，在商品消费和生育率之间替代效应的影响下，运输成本越低生育率越低。此外从控制变量的回归结果来看，东中西部地区尤其是东部和西部地区人均 GDP 对生育率有显著的促进作用，而东北地区由于近年来人口流失严重，低生育率表现为区域特殊性，人均 GDP 和生育率呈现相反变化的关系。城镇化和生育水平在四个地区都表现为显著的反向关系，即城镇化水平的提高反而降低了区域的生育率水平，这与人们生育意愿的变化有关，随着地区城镇化的发展，现代化带来的生育意愿的变化和人们生活压力的增大，如房价的上升使人们更倾向于不生育或者少生育。

3. 门槛效应检验

整体回归的结果显示，制造业集聚抑制了运输成本对生育率的正向影响，且根据假设 2 这种抑制性受到高收入水平带来的高收入效应的影响。因此为了验证假设 2，并且继续研究制造业集聚的门槛分组中收入效应的影响路径，本书在进行制造业集聚的门槛效应检验后，再加入收入效应做进一步分析。本书利用 Bootstrap 方法反复抽样 300 次得到的结果如表 6-5 所示。制造业集聚存在单门槛效应，门槛值为 0.7164，95% 的置信区间为（0.7080，0.7197）。

表 6-5　门槛效应检验

模型	F 值	P 值	BS 次数	临界值		
				1%	5%	10%
单一门槛	65.76***	0.0000	300	44.7746	34.1492	28.0557
双门槛	14.02	0.4400	300	43.9865	31.4930	26.8322
三重门槛	9.70	0.6267	300	34.8655	23.0024	18.9662

注：*** 表示在 1% 的水平上显著。

表 6-6 显示的是单一门槛模型的回归结果，从中可以看出，在运输成本和生育率的关系中，制造业集聚的门槛效应显著。当制造业集聚低于门槛值 0.7197 时，运输成本与生育率表现为显著的同向变动关系，而当制造业集聚大于门槛值 0.7197 时，运输成本和生育率表现为明显的反向变动的关系。这与前文的交互分析结果相符，制造业集聚水平的提高减弱了运输成本对生育率的正向影响。我国制造业主要集聚在东部沿海地区，沿海地区经济发达人群的收入水平

普遍较高，当高收入水平带来的收入效应大于商品消费对生育的替代作用时，生育率会在收入效应的影响下相对增加，即生育率越高。

表 6-6　门槛回归结果

变量符号	系数	95%的置信区间		收入效应	系数
trans(LQ≤0.7197)	-0.0938*** (-4.82)	-0.1321	-0.0556	trans(LQ≤0.7164)	-0.0768*** (-3.71)
trans(LQ>0.7197)	0.0382*** (2.93)	0.0126	0.0639	trans(LQ>0.7164)	0.0367*** (2.82)
lnprice	-0.1391 (-0.65)	-0.5625	0.2844	lnprice	-0.1291 (-0.60)
lnperGDP	-0.0600** (-2.40)	-0.1092	-0.0108	lnperGDP	-0.0546** (-2.18)
CI	-1.0947*** (3.81)	-1.6594	-0.5300	CI	-1.0909*** (-3.82)
UR	0.3082 (1.35)	-0.1405	0.7569	UR	0.2896 (1.27)
IH	0.0023 (1.46)	-0.0008	0.0055	IH	-0.0029 (-1.05)
IT	—	—	—	IT	-0.0041** (-1.05)
constant	4.6738*** (4.58)	2.6692	6.6783	constant	3.5387*** (3.52)

注：*、***、***分别表示在10%、5%和1%的水平上显著。括号内为 t 值。

4. 收入效应检验

根据前文分析，制造业集聚程度的增加会抑制运输成本对生育率的正向影响，当制造业集聚程度高于门槛值时，运输成本与生育率的方向关系由正向影响转向负向影响，即运输成本越低，生育率越高，这种方向的变化可能是集聚经济产生的高收入效应带来的。而这种高收入效应主要是受到高收入水平的影响，但地区之间收入效应的衡量还需要关注家庭支出，因此本书利用收入房价比表征为收入效应，以此体现区域间生活收入支出比的差异性。根据收入房价比，我国收入效应大的地区集中在东部沿海和西藏、新疆等偏远地区，在我国东部地区制造业集聚程度高，产业集聚产生的经济效益高，因此表现出高收入、高房价、高收入效应、低生活成本的特征；西藏、新疆等偏远地区制造业集聚程度低，产业发展产生的规模经济较少，因此表现出低收入、低房价、高收入效应、高生活成本的特征。

为进一步分析收入效应对运输成本的影响，本书在制造业集聚的门槛回归中加入收入效应及收入效应和运输成本的交互项，如表6-5所示。从交互项回归可以看出，在制造业集聚的不同阶段，收入效应对运输成本边际效用的影响不同。当制造业集聚程度高于门槛值时，收入效应增加会减弱运输成本对生育率反向的影响；当制造业集聚程度低于门槛值时，收入效应增加会加强运输成本对生育率正向影响。因此，在我国制造业集聚程度高的东部沿海地区尽管高收入水平能够促进生育率水平提高，但是由高收入、高房价带来的收入效应抑制了生育率的提高。

三、稳健性与内生性检验

2016年1月1日，我国开始实行"全面两孩"政策，考虑到政策因素可能影响回归结果，本书对2005～2015年的样本进行整体回归和分组回归。改变时间维度后，整体检验和分组检验中解释变量和被解释变量仍然具有显著的正向关系，表明运输成本、制造业集聚和生育率三者关系较为稳健。由于变量遗漏和双向因果关系造成的内生性问题，本书运用两阶段最小二乘法（2SLS）进行内生性处理。工具变量的选择必须满足相关性和外生性两个条件，本书选择地形起伏度作为运输成本的第一个工具变量，运用arcgis软件对各省地形起伏度均值进行提取。此外，参考学者高翔在研究交通基础设施和服务业的关系中将明朝驿站作为当代高速公路的工具变量，本书也利用明朝驿站作为运输成本的第二个工具变量。模型中交互变量也含有内生变量，因此将交互变量也加入检验中。运行结果通过了变量内生性检验、弱相关性检验和工具变量外生检验。解释变量和被解释变量的关系和整体模拟的结果保持一致，检验结果如表6-7所示。

表6-7　稳健性和内生性检验

变量符号	变量符号	改变时间	东部	中部	西部	东北	内生性检验
运输成本	trans	-0.1723**	-0.0405***	-0.0391***	-0.0360***	-0.0264***	-0.2129**
		(-2.13)	(-4.58)	(-3.89)	(-3.49)	(-3.81)	(-2.32)
制造业集聚水平	LQ	0.1584*	—	—	—	—	0.2458***
		(1.78)					(4.05)
制造业集聚水平和运输成本交互项	LT	0.1952**	—	—	—	—	0.1980**
		(2.33)					(1.98)
居民消费价格指数	lnprice	-0.1950	-0.207	-0.315	-0.312	-0.61	-0.4142
		(-0.46)	(-0.47)	(-0.72)	(-0.74)	(-1.85)	(-0.83)
人均GDP	lnperGDP	-0.0151	0.021	0.138**	0.130*	-0.0135	0.2227***
		(-0.16)	(0.4)	(2.63)	(2.5)	(-0.43)	(5.09)
收入效应	IH	0.0029	-0.00116	-0.00147	-0.00129	0.000451	-0.0028
		(1.23)	(-0.70)	(-0.91)	(-0.82)	(0.34)	(-0.85)
人力资本投入	CI	-0.5170	-0.0532	-0.0622	-0.0103	-0.431	0.1541
		(-1.70)	(-0.18)	(-0.22)	(-0.04)	(-1.94)	(0.30)
城镇化率	UR	0.7094	-1.574***	-1.574***	-1.545***	-0.941***	-1.9465***
		(1.22)	(-8.66)	(-8.00)	(-7.72)	(-7.62)	(-8.59)
样本量	N	341	341	341	341	341	465
Sargen卡方值	Sargen chi2	—	—	—	—	—	2.5204

注：*、***、***分别表示在10%、5%、1%的水平上显著，括号内为 t 值。

四、结论和建议

本书基于新经济地理学理论，探究运输成本对生育率的影响，考虑到产业集聚经济会影响区域商品消费收入水平，所以对运输成本影响生育率的制造业集聚路径进行检验。通过构建家庭效用模型，从理论上解释了在商品消费对生育率的替代作用影响下，区域的运输成本越低，生育率水平越低。我国东部沿海地区制造业集聚带来规模经济效益促进了区域的收入增长和房价上涨，生育率水平取决于收入和房价带来的收入效应和商品消费带来的替代效应的叠加作用。本书的主要研究结论：①制造业集聚对运输成本和生育率的关系具有门槛效应。制造业集聚会减弱运输成本和生育率的同向变化关系，当制造业集聚达到一定水平后，运输成本和生育率的同向变化关系会转变为反向，结合理论分析得出，在我国制造业集聚程度高的地区，由于高收入高房价带来的收入效应大于商品消费的替代效应，运输成本和生育率会变成反向关系，即运输成本越低时生育率越高。②收入效应在不同的制造业集聚阶段对运输成本和生育率关系产生的影响不同，在制造业集聚程度低的阶段，收入效应会促进运输成本和生育率的同向关系，而在制造业集聚程度高的阶段，收入效应则会抑制运输成本和生育率的反向关系。最终在收入效应和替代效应的综合作用下，我国生育率水平处于动态平衡中。③在区域分组研究中，各区域内部商品消费和生育的替代关系明显，运输成本和生育率都具有显著的同向变化关系。此外本书在说明替代作用路径时，引入消费心理来描述现代社会消费心理和生活节奏促使人们倾向于通过短暂消费以尽快获得效用满足现象，这一心理与生育行为带来的效用满足的滞后性相矛盾，不利于社会生育水平的提高。

　　根据以上结论，本书从制造业集聚、收入效应及社会消费心理的角度，对提高我国生育率提出以下建议：①完善交通设施，提高区域制造业水平，尤其是西部和东北地区制造业水平的提高，有助于促进区域收入水平提高。②房价是影响人们收入成本比的重要因素，尽管在制造业集聚的东部地区实现了高收入，但是高房价带来的收入效应仍然阻碍了区域生育水平的持续增长。所以加强区域的房价调控，将收入房价比控制在合理范围内对于提高生育率有显著的积极影响。③从消费和生育的替代心理角度考虑，运输成本的降低及产业集聚尽管实现了居民的多种消费选择，但不利于社会生育水平的提高。在现代社会运输成本的降低会促进人们转向其他消费，以获得即时效用的满足。这种快消费的心理是现代经济快速发展的产物，因此在生育率水平不断下降的今天，转变经济发展方式，放缓生活节奏，对提高生育水平具有重要作用。同时，城镇化发展、房价的增长与生育水平提高具有反向影响，这进一步说明快速的城市化发展带来的城乡差距、农村人口流失及"城市病"等问题，都在一定程度上促使人们的消费心理从保守向激进转变，抑制了社会生育水平的提高。因此，促进社会消费心理的转变，构建适合国内大循环有序发展的消费环境，有助于提高生育水平。

本章小结

产业集聚带来的集聚经济促进了城市规模增长，提高了空间内居民的收入水平，改变了家庭原有的收支格局，进而影响了家庭的生育决策。本章以制造业集聚衡量集聚经济，从运输成本和制造业集聚经济的角度，分析了中国近 15 年来低生育率产生的内在机制。研究发现，运输成本和生育率呈现反向变动关系，而当考虑制造业集聚对运输成本的边际影响后，运输成本和生育率呈现显著的同向变动关系，制造业集聚抑制了运输成本对生育率的正向影响。据此，提出完善交通设施、控制房价浮动范围与引导社会消费心理转变的建议。

第七章 城镇化过程中城市公共服务对生育率的影响

第一节 理论假设与实证基础

一、城镇化影响生育率的机制之二：城市公共服务

有限的城市资源只能提供一定量的就业水平和社会福利，因此大部分农村居民受限于户籍门槛，无法享受到同等的市民化服务。当前，我国正面临严峻的人口形势，集中表现为人口老龄化和低生育率。中华人民共和国成立初期，农民分得土地，工人稳定就业，人们结婚生育的愿望强烈，国家鼓励生育，此后人口剧增。后来实施了计划生育政策，人口政策的"一松一紧"，使人口结构在一增一减的叠加作用下，出现了严重的人口老龄化问题。从长期来看，提高生育率及生育意愿是解决"少子化""老龄化"等人口问题的根本手段。生育率受到外部环境及个体健康状况、收入水平、家庭观念等诸多因素的影响。总体来看，造成低生育率的主要原因：一是生育观念的转变。少生优生成为社会生育的主流理念，传统"多子多福""养儿防老""大家庭"的观念受到挑战。二是育儿成本的增加。一

方面随着经济社会发展，住房、医疗、教育等育儿显性成本显著提高，与此同时，适育人群大多处于事业发展的关键时期，育儿产生的巨大机会成本降低了育龄人群的生育意愿。另一方面在过去的几十年里，我国经历了人类历史上最为波澜壮阔的城镇化发展，在迁移过程中，家庭规模减小，家庭观念淡化、父母对育儿过程的支持不足，对年轻人的育儿决策产生了较大的消极影响。

近年来，我国人口增长持续放缓，国家在短时间内相继开放"单独二孩"和"全面两孩"政策，但政策效果远低于预期值。国务院发布的《关于优化生育政策促进人口长期均衡发展的决定》提出，要提高优生优育服务水平，降低生育、养育、教育成本，发展普惠托育服务体系，以规范公共服务体系配套政策来促进生育意愿的提高。我国人口正从红利期转为负担期，要充分发挥公共服务体系对生育意愿的积极作用，减小人口"老龄化"和"少子化"对社会经济生活的负面影响。从国家层面来看，加强公共服务体系建设，整合公共服务资源，为家庭生育提供强有力的保障，是提高生育率的重要突破口，这有助于提高群众的生育意愿与地区生育率，促进人口长期的均衡发展。

二、理论假设与文献综述

生育率受诸多因素的影响，现从经济发展水平、个体微观决策及生育政策三个角度来对生育率的影响因素研究进行梳理。

(1)经济发展水平对生育率的影响。在短期内，经济发展实现了家庭收入的增长，提高了家庭抚养能力，进而提高了人们的生育意愿，对人口增长率产生显著影响。然而在长期内，生育观念从数量向质量转变，导致人口增长率与经济发展水平之间呈负相关关系(张效莉等，2006)。城镇化的快速推进，对生育水平造成了负面影响(杨华磊等，2020)，人口及经济重心的区域聚集，带来了租金价格上升，对生育率的抑制作用突出。经济重心的转移导致人口流动规模呈现不断扩大趋势，对生育推迟产生显著影响。

（2）个体生育行为的微观决策。随着社会发展，女性对待生育的态度逐渐趋于理性，由于我国经济体制改革及外来文化和生育政策的影响，出现的"丁克"家庭更是极大地冲击了中国的生育观，女性的生育观发生转变（张焘，2017）。从女性个体特征考虑，生育对她们意味着重大的家庭责任，工作与家庭潜意识角色的冲突是职业女性拒绝生育二胎的重要原因（陶巍巍等，2017）。教育程度的提高会完善女性的独立人格，增强女性生育的自主性，这在一定程度上降低了女性生育水平（张品，2009）。不同地区女性对生育态度存在差异。尽管城市及农村育龄女性的二胎生育意愿均不高，但农村女性生育意愿比城市女性生育意愿高，且经济因素是影响女性二胎生育意愿及行为的主要因素（高杨、邹丽，2020）。

（3）生育政策的影响。适龄女性对全面放开二孩政策的了解情况、是否有对生育的补助政策等都会对其生育意愿产生影响。其一，养老保险制度会对城镇职工的生育意愿存在显著的挤出效应，在养老保险制度中嵌入生育补贴机制，提高制度灵活性，作为辅助提高参保居民生育意愿。其二，从教育保障来看，民众对优质教育资源的追逐、教育成本的飙升导致生育意愿难以落实。卢洪友和杜亦譞（2018）通过两期世代交叠模型，研究公共教育投资对居民生育率的影响。结果表明，政府通过加大对教育服务行业的投资，能够降低居民的教育成本，从而缩小不同收入人群的生育率差距。其三，公共财政医疗支出及生育补贴等对生育率的提高有着显著的作用，因此医疗政策也成为提高生育意愿的重要一环。其四，生育事件对城镇女性就业具有一定的负面影响（庄渝霞，2020），保障女性劳动权益，避免女性就业歧视，完善相关制度法律法规能够有效提高其生育意愿。

公共服务对提高生育意愿的重要作用主要体现在：①经济效应。完善的公共服务制度能够促进产业聚集，提供更多的就业机会，增加居民人均收入。研究表明，家庭劳动收入水平越高，二孩生育意愿就越高，而家庭的经济水平在所处社会中越低，生育意愿就越低（李明，2020）。由于公共服务具有"非营利性""非排他性"，家庭可将原本用于教育、医疗等方面的支出用于母婴产品的消费，因此公共服务通过间接提高收入对提升生育意愿起到显著作用。②满意度效应。生育行为与居民对公共服务的满意度有着密切的关系。公共服务满意度对居民的意愿生育数量和二孩意愿均有促进作用（梁城城、王鹏，2019），但不同类型的公共服务满意度对居民生育意愿的影响也有所不同，公共医疗和公共就业在提升育龄群体的二孩生育意愿方面显著性最强（魏炜，2020）。因此，要改善政府的公共服务，满足公民的公共需求，做好相应的支持措施，提高居民对公共服务的满意度，将实际的生育潜力发挥出来。

综上所述，现有文献从理论与实证两个层面探讨了公共服务与生育意愿之间的关系，但缺乏对不同公共服务类型与生育率之间的量化分析。本书的边际贡献在于，将研究视角转为生育政策下公共服务的实施与生育意愿之间联系，阐述二者之间的影响程度，具体包括：一是描述生育率条件分布特征，分析公共服务不同层面对生育率的各分位数影响效应；二是基于"二孩政策"下公共服务影响生育率的效果评价，提出"三孩政策"完善公共服务政策体系以提高生育率的路径。

第二节　城市公共服务影响生育率的效应分析

一、数据说明、变量选取与模型构建

（一）数据说明

选取我国285个地级市为样本，采用2008~2019年的地级市面板数据，以社会、教育、医疗、住房、就业及生活综合保障作为一级指标构建地级市公共服务质量评价体系，并设置地区虚拟变量考察公共服务对生育意愿的区域异质性。数据源自 2008~2019 年《中国城市统计年鉴》、中经网数据库等，样本变量及描述性统计如表 7-1 所示。

表 7-1 样本变量及描述性统计

变量	变量名称	观测值	平均数	标准差	最小值	最大值
BR	生育率	3420	11.352	2.699	5.360	17.890
Soc	社会保障	3420	0.180	0.174	0.002	1.000
Edu	教育保障	3420	0.339	0.131	0.004	0.786
Med	医疗保障	3420	0.262	0.133	0.028	0.655
Hou	住房保障	3420	0.127	0.138	0.003	0.997
Emp	就业保障	3420	0.371	0.093	0.134	0.800
Ls	生活综合保障水平	3420	0.346	0.113	0.095	0.684
Ril	地区收入水平	3420	9.604	0.547	8.149	11.067
Wel	女性受教育程度	3420	6.825	0.184	5.901	7.280

(二)变量选取

被解释变量：生育率。

核心解释变量：公共服务质量综合指数，构建各项公共服务质量指标体系，具体指标如表 7-2 所示。

控制变量：区域虚拟变量，考察公共服务对生育率影响的区域异质性。地区收入水平，采用地区居民可支配收入来衡量某地区收入水平的高低；女性受教育程度，用全国各地区女性就业人员受教育程度来表示，计算公式为：$Wel = 6 \times$ 小学$+9 \times$ 初中$+12 \times$ 高中$+16 \times$ 大专及本科$+20 \times$ 研究生，做对数处理。公共服务质量评价的具体步骤如下：

对正向和负向指标进行处理：

表 7-2　中国地级市公共服务质量评价指标体系

一级指标	二级指标	单位	属性
社会保障	基本养老金支出	万元	正向
	医疗保险金支出	万元	正向
	生育保险金支出	万元	正向
教育保障	普通高等学校招生数	万人	正向
	普通高校师生比	人	正向
	教育经费	万元	正向
医疗保障	医疗卫生机构数	个	正向
	每万人拥有卫生技术人员数	人	正向
	医疗卫生财政支出	亿元	正向
住房保障	居民住宅平均售价	元/平方米	负向
	家庭人均住房建筑面积	元/平方米	正向
	公有住房平均租金	元/平方米	负向
	房地产开发住宅投资额	亿元	正向
就业保障	失业保险金支出	万元	正向
	城镇登记失业率	%	负向
	城镇女性占总就业人口数比	%	正向
	在岗职工年平均工资	元	正向
生活综合保障水平	交通运输财政支出	亿元	正向
	公路里程	万公里	正向
	邮电业务总量	万件	正向
	人均城市道路面积	平方米	正向
	图书总印数	亿册	正向
	广播节目综合人口覆盖率	%	正向
	地方财政文化体育与传媒支出	亿元	正向

正向指标：$A_{ij} = \dfrac{A_{ij} - \min\{A_{ij}\}}{\max\{A_{ij}\} - \min\{A_{ij}\}}$

负向指标：$A_{ij} = \dfrac{\max\{A_{ij}\} - A_{ij}}{\max\{A_{ij}\} - \min\{A_{ij}\}}$

其中，i 为某一地级市，j 为某一项公共服务质量指标，$\max\{A_{ij}\}$ 为所有年份中指标的最大值，$\min\{A_{ij}\}$ 为所有年份中指标的最小值，A_{ij} 为通过标准化处理后得到的无量纲值。

计算第 i 年 j 项指标的比重，用 B_{ij} 表示：

$$B_{ij} = \frac{A_{ij}}{\sum\limits_{i=1}^{n} A_{ij}}$$

计算信息熵及其冗余度 C_j：

$$C_j = 1 - \left(-\frac{1}{\ln n} \sum_{i=1}^{n} B_{ij} \times \ln B_{ij} \right)$$

其中，n 为评价年份。

根据上式计算指标权重 ε_j：

$$\varepsilon_j = \frac{C_j}{\sum\limits_{j=1}^{n} C_j}$$

最后得到评价公共服务质量指标的计算公式：

$$QPS_i = \sum_{j=1}^{n} \varepsilon_j \times B_{ij}$$

通过上述方法测算出 285 个不同地级市的一级指标下某项保障程度指数。其中，QPS_i 为 i 地级市的某项保障程度指数，其值越大，表明保障程度较好，公共服务质量评价较高。

(三)模型构建

采用固定效应分位数回归模型进行实证，能够得到不同分位点上各项指标对出生率的影响分布规律，全面地评估出影响家庭生育的各项服务指标。基准回归模型设定如下：

$$BR_{it} = \alpha_{it} \ln QPS_{it} + \sum_{n=1}^{N} \gamma_n \ln Control_{it} + \mu_i + \delta_t + \varepsilon_{it}$$

其中，BR_{it} 为被解释变量生育率；QPS_{it} 为解释变量，主要关注 α_{it} 系数；N 为控制变量个数；γ_n 为控制变量系数；$Control_{it}$ 为与生育意愿相关的控制变量；μ_i 为个体固定效应；δ_t 为时间固定效应；ε_{it} 为误差项。借鉴 Koenker(2004)提出的面板分位数回归模型，设定面板分位数回归模型如下：

$$Q_\tau(BR_{it}) = \alpha_{i\tau}\ln QPS_{it} + \sum_{n=1}^{N}\gamma_{n\tau}\ln Control_{it} + \mu_i + \delta_t + \varepsilon_{it}$$

其中，$Q_\tau(BR_{it})$ 为生育率水平的 τ 分位数，$\alpha_{i\tau}$ 为公共服务对生育率的 τ 分位数估计系数，$\gamma_{n\tau}$ 为控制变量对生育率的 τ 分位数估计系数。为描述生育率从低生育率至高生育率的阶梯式上升，选取分位点 τ 分别为 10%、25%、50%、75%、90%。

二、实证检验

(一)单位根及面板协整检验

为防止出现伪回归，保证估计的平稳性和有效性，采取 LLC、ADF 和 PP 检验三种单位根检验。当各项变量都通过这三种检验方法时，序列平稳。结果表明大部分变量零阶不平稳，对变量进行差分后，一阶差分序列在 1% 的显著性水平上拒绝原假设，差分序列平稳。由于变量一阶平稳，进行协整检验以判断变量间是否存在长期均衡关系。采用 Pedro-ni、Kao 和 Westerlund 检验对各项变量进行面板协整检验。协整检验结果均在 5% 显著性水平上拒绝原假设，生育率与各项公共服务之间存在协整关系，排除模型存在伪回归问题的可能。

(二)模型选择

为选择模型的特定形式，使回归估计更为准确，首先通过固定效应模型中的 F 检验判断是采用固定效应模型还是混合效应模型。回归结果 F 检验 p 值为 0.000，强烈拒绝原假设，固定效应模型优于混合效应模型。其次对模型进行随机效应检验。Hausman 检验 p 值为 0.006，拒绝"个体影响与回归变量无关"的原假设，表明固定效应模型优于随机效应模型。

(三)固定效应面板分位数回归

由于旨在分析不同等级生育率的影响效应，反映各项指标对生育率的贡献程度，因此采用固定效应面板分位数回归模型，结果如表 7-3 所示。

表7-3　面板分位数模型回归结果

变量	OLS	Q10	Q25	Q50	Q75	Q90
Soc	−6.512***	−7.885***	−7.402***	−5.593***	−5.258***	−3.652*
	(0.000)	(0.000)	(0.000)	(0.003)	(0.000)	(0.070)
Edu	−1.796**	6.135*	5.146**	−0.434	−6.912***	−6.309**
	(0.033)	(0.059)	(0.040)	(0.863)	(0.000)	(0.022)
Med	7.107***	4.370	6.775**	7.444***	6.027***	3.537
	(0.000)	(0.155)	(0.005)	(0.002)	(0.002)	(0.174)
Hou	3.985**	5.554**	5.829**	3.696*	−1.315	4.521**
	(0.008)	(0.034)	(0.004)	(0.070)	(0.431)	(0.042)
Emp	1.603**	1.409*	4.364*	0.015	5.426***	6.294**
	(0.033)	(0.063)	(0.053)	(0.995)	(0.004)	(0.011)
Ls	4.008**	4.010**	0.377*	1.198*	6.570**	7.775**
	(0.011)	(0.035)	(0.091)	(0.072)	(0.019)	(0.036)
Ril	−0.703**	1.299	0.436	−0.338	−1.346**	−1.934***
	(0.015)	(0.128)	(0.508)	(0.610)	(0.014)	(0.008)
Wel	−7.340***	−10.040***	−8.856***	−8.711***	−3.019***	−1.738**
	(0.000)	(0.000)	(0.000)	(0.000)	(0.005)	(0.022)
常数项	65.638***	61.137***	64.686***	72.344***	44.182***	40.753***
	(0.000)	(0.000)	(0.000)	(0.000)	(0.000)	(0.000)
样本数	3420	3420	3420	3420	3420	3420
固定效应	控制	控制	控制	控制	控制	控制

注：*、**、***分别代表在10%、5%和1%的水平上显著，括号内数字表示回归系数的 p 值。

（1）社会保障。各分位点处的系数均显著为负，表明社会保障对生育率存在抑制作用。随着社会养老保障制度的不断完善，对传统子女赡养产生替代，从而对生育子女产生挤出效应，导致生育率下降。随着生育率分位数水平的提高，回归系数从−7.885下降到−3.652，表明生育率分位点增加，社会保障对生育率反向作用逐渐降低。

（2）教育保障。在分位点 Q10、Q25 处的系数显著，分别为 6.135、5.146，表明在中低生育率水平下，教育保障增加，能够提高生育率。当前子女抚养教育成本较以往有大幅增加，而提高公共教育投入能够降低生育净成本，从而提高社会生育水平。在分位点 Q75、Q90 处系数显著，分别为−6.912、−6.309，表明在高生育率水平下，进一步增大教育保障支出会降低生育率，提高教育水平在高生育率地区会对生育需求产生抑制。

（3）医疗保障。各分位点处的系数均显著为正，与群众生育意愿呈现正向关系，表明医疗保障制度的完善有助于提高生育率。医疗设施、环境等方面的落后，是造成低生育率的原因之一。加大医疗财政投入力度，改善地方医疗环境，能够在很大程度上帮助女性降低生育死亡风险，降低新生儿死亡率。

（4）住房保障。Q25、Q50、Q90 处的系数均显著，分别为 5.829、3.696、4.521，表明住房保障的提高对生育意愿存在正向促进作用。无论是在低生育率地区还是高生育率地区，当人们处于生育年龄阶段时，往往考虑购房因素，高房价均会对生育决策产生抑制，其政策启示在于，增加保障性住房和缓解住房压力是提高生育率的重要手段。

（5）就业保障。各分位点上的系数均显著为正，表明保障就业对改善低生育率存在正向影响。一般而言，生育会挤占女性的工作时间和精力，维护女性合法权益与保障生育后的就业机会，降低因生育而导致的就业中断风险，对于提高生育率具有重要作用。

（6）生活综合保障，各分位点上的系数均显著为正，表明在各生育率水平下，生活综合保障对改善低生育率均有正向影响。增加基础公共服务建设，在当前我国生育率低于合理水平的情况下尤为重要。

此外，居民收入水平在低分位点 Q10、Q25 处，回归系数分别为 1.299、0.436，并不显著，高分位点 Q75、Q90 的回归系数分别为-1.346、-1.934，在5%的显著性水平下对生育率具有负向影响，就个体生活理念而言，人们更愿意将收入用于满足自身需求，生育行为的替代效应大于收入效应。女性受教育程度在各分位点上的检验结果均显著对生育率产生负向影响。传统家庭及生育观念对接受过高等教育的女性产生的影响相对较小，她们更倾向于利用自己的专业特长，实现较高的自我价值，因而选择少育或者节育。

（四）区域异质性分析

为进一步分析不同地区公共服务对生育率的影响，设定东部地区、中部地区、西部地区三个分样本进行回归。根据表 7-4 回归结果，社会保障系数均在

1%、5%的水平上显著为负，回归系数值较为接近。教育保障与医疗保障的回归系数在5%、1%的水平上显著为正，数值为：西部地区>中部地区>东部地区，其主要原因在于西部地区教育资源相对匮乏、医疗条件较为落后，会对家庭生育意愿造成一定影响。对于住房保障，考虑到人口流动的因素，东部地区产业众多且较为发达，人口集聚，建立有利于生育的住房保障制度，加大多子女家庭保障性住房供给，会对生育意愿产生积极影响。不同地区的住房保障结果同样表明地区的异质性。就业与生活综合保障在三个地区均呈现正向作用，需要说明的是，西部地区的基础设施建设对生育率影响显著。地区收入方面，东部地区表现出了对生育率的抑制作用，而在中西地区表现出促进作用。原因可能在于不同地区对生活品质要求和子女抚育观念方面的差异，生育行为所带来的养老保障和人力资本积累效应大于生育的机会成本。女性的受教育程度均呈现对生育意愿的抑制作用，西部地区的作用效果不显著。

表 7-4　地区异质性回归结果

变量	东部地区	中部地区	西部地区
Soc	−4.776 ***	−5.578 **	−4.742 **
	(0.006)	(0.013)	(0.010)
Edu	4.120 **	5.780 **	9.129 **
	(0.041)	(0.044)	(0.016)
Med	6.901 ***	8.882 **	9.071 **
	(0.000)	(0.023)	(0.039)
Hou	16.469 ***	9.227 *	2.804 ***
	(0.000)	(0.083)	(0.009)
Emp	1.683 ***	19.453 ***	8.929 ***
	(0.004)	(0.000)	(0.000)
Ls	2.583 **	1.233 *	11.197 ***
	(0.047)	(0.077)	(0.003)
Ril	−0.084 **	0.674 *	1.296 **
	(0.017)	(0.073)	(0.040)
Wel	−16.772 ***	−8.390 ***	−0.888
	(0.000)	(0.005)	(0.345)
常数项	124.33 ***	63.243 ***	30.365 ***
	(0.000)	(0.002)	(0.000)
样本数	1452	960	1008

注：＊、＊＊、＊＊＊分别代表在10%、5%和1%的水平上显著，括号内数字表示回归系数的 p 值。

（五）内生性与稳健性检验

1. 内生性检验

为保证模型回归分析具有更强的稳健性，考虑到作用机制在生育行为之前且生育推迟带来的"进度效应"对生育率的影响，因此将各个解释变量滞后一期研究其对生育率的影响。如表 7-5 所示，各个解释变量及控制变量系数显著，表明其结果具有稳健性。

表 7-5　内生性检验

变量	固定效应	滞后一期
Soc	−0. 899 **	−0. 898 **
	(0. 019)	(0. 024)
Edu	−2. 164 **	−0. 892 *
	(0. 012)	(0. 054)
Med	5. 636 **	5. 441 ***
	(0. 000)	(0. 000)
Hou	0. 538 *	0. 070 *
	(0. 062)	(0. 095)
Emp	−0. 384 *	−1. 822 **
	(0. 072)	(0. 015)
Ls	2. 605 **	0. 345 *
	(0. 024)	(0. 085)
Ril	−0. 361 **	−0. 713 *
	(0. 028)	(0. 065)
Wel	−1. 639 ***	−1. 894 ***
	(0. 008)	(0. 003)
常数项	26. 214 ***	30. 601 ***
	(0. 000)	(0. 000)
样本数	3420	3420

注：*、**、***分别代表在10%、5%和1%的水平上显著，括号内数字表示回归系数的 p 值。

2. 剔除特殊城市样本

由于不同城市在发展程度等方面存在差异，故选取直辖市、省会城市作为特殊城市，先剔除 30 个特殊城市后进行稳健性检验，回归结果如表 7-6 所示。各项公共服务对生育意愿的影响仍然存在，表明结果具有稳健性。

表 7-6 稳健性检验

变量	OLS	Q10	Q25	Q50	Q75	Q90
Soc	−8.199***	−5.208*	−11.754***	−7.191***	−5.582***	−3.912***
	(0.000)	(0.065)	(0.000)	(0.001)	(0.000)	(0.007)
Edu	−2.056**	4.660**	0.806*	−0.685*	−3.587**	−6.614***
	(0.031)	(0.024)	(0.078)	(0.082)	(0.049)	(0.001)
Med	9.323***	4.725	11.070***	6.622**	6.324***	5.319***
	(0.000)	(0.225)	(0.000)	(0.030)	(0.000)	(0.008)
Hou	16.276***	17.703***	23.278***	14.262***	9.566***	8.716***
	(0.000)	(0.002)	(0.000)	(0.002)	(0.000)	(0.004)
Emp	2.560**	−1.436	−3.601	0.721*	4.863***	6.87***
	(0.019)	(0.707)	(0.203)	(0.080)	(0.006)	(0.001)
Ls	0.092*	4.294**	2.329*	2.610*	1.567*	2.984**
	(0.074)	(0.043)	(0.056)	(0.054)	(0.053)	(0.029)
Ril	−1.304**	−0.977**	−1.321	−0.577	−1.460***	−1.78***
	(0.030)	(0.039)	(0.122)	(0.522)	(0.006)	(0.003)
Wel	−5.957***	−10.037***	−7.258***	−5.835***	−1.175	0.079
	(0.000)	(0.000)	(0.000)	(0.000)	(0.189)	(0.938)
常数项	61.734***	81.460***	69.136***	56.071***	33.651***	27.664***
	(0.000)	(0.000)	(0.000)	(0.000)	(0.000)	(0.000)
样本数	3060	3060	3060	3060	3060	3060
固定效应	控制	控制	控制	控制	控制	控制

注：*、**、*** 分别代表在 10%、5% 和 1% 的水平上显著，括号内数字表示回归系数的 p 值。

通过上述分析，得出以下结论：社会保障与生育率呈负相关关系。在低分位点上，教育保障对生育意愿产生正向影响；在高分位点上产生负向影响。医疗保障、住房保障、就业保障、生活综合保障水平在全分位点上对改善生育率均存在正向影响。地区收入水平在低分位点时没有显著影响，在高分位点时将会抑制单个家庭的生育意愿，女性受教育程度的提高对生育率产生反向影响，部分公共服务保障指标存在区域异质性现象。基于以上研究结论，提出以下建议：

第一，保持经济平稳快速发展，保障家庭生育抚育能力。宏观经济稳定发展，有助于合理引导积极预期，经济形势不乐观，将可能会对居民的生育行为带来冲击。实证结果表明，家庭的收入水平直接影响抚养能力，将收入分配结构改革划入发展规划，提高最低工资标准。要坚持"房住不炒"的定位，给予多生育家庭购房一定的优惠措施，对于降低生活成本具有重要作用。第二，改变当前个人生育观念，提升居民生活满意程度。首先，鼓励适龄女性生育并为其提供育儿补助，改变生育观念。其次，保障育龄女性各项权利，社会竞争激烈，受过高等教育的女性更愿意参加工作来提高自己的收入及地位，因此对于育龄女性所在工作场所可以采用弹性工作制，根据生育时间和孩子年龄来决定工作的时长。此外，对有生育计划家庭提供上门服务，关注家庭诉求和意见，对工作中出现的问题及时解决，帮扶奖励措施及时完成，不断提升家庭生活的满意度，有助于提高育儿体验。第三，完善公共服务政策配套，打破生育政策实施壁垒。明确城镇化对生育水平影响的作用机制，防止城镇化进程对生育率的挤出效应，建立配套生育支持措施。在此基础上，不断完善教育资源在各级各类教育间的配置问题、提升医疗保障工作能力及重视孕妇及婴幼儿健康水平、给予生育女性津贴补助、建立公立托育机构等多项公共服务配套服务。东中西部地区人口规模与人口结构不同，经济发展公共服务水平差异较大，生育政策要因地制宜，以此保持地方生育计划与政策的连续性和稳定性。

第三节　流动人口公共服务参与对生育率的影响

一、现实基础与影响机制

1978~2020 年，中国人口出生率由 18.25‰降至 8.52‰，人口自然增长率由 12.00‰降至 1.45‰。与此同时，中国人口结构正在发生转变，人口老龄化程度不断加深，人口矛盾从数量型压力向结构型压力转变。国家放开生育政策以破除制度层面的障碍，由"全面两孩"到"全面三孩"的政策调节。尽管生育政策使我国生育率出现波动性上升趋势，但其效果具有滞后性且未触及生育群体的现实需求。女性生育意愿研究对考查未来生育水平具有重要现实意义，关于如何增强居民生育意愿，提高生育水平，学者从不同视角对此进行深入研究，但从流动人口公共服务参与视角出发的研究较为鲜见。流动人口是我国城市化进程中出现的一个群体。《第七次全国人口普查公报》指出，流动人口指"人户分离人口中扣除市辖区内人户分离的人口"。农村流动人口相较于城镇户籍人口更难获取公共服务。流动人口作为中国城镇化发展过程中的特殊群体，规模庞大，对于经济社会发展具有深远影响。总体来看，我国流动人口呈现流量大、流速快、流向广的特征。公共服务作为民生的一项重要指标，通常被用于配套来提高生育水平。肖涵和葛伟(2022)发现，公共服务质量能通过增加工资收入和居民幸福感显著提高二孩生育意愿和转化行为，公共服务质量越高，工资收入和居民幸福感边际效应越大。中国各地居民基本公共服务参与程度不等，整体水平偏低。"十四五"时期将推进基本公共服务标准体系建设，在 2035 年实现基本公共服务均等化，增强公共服务对流动人口二孩生育意愿和转化行为，提高生育水平。长三角地区作为我国重要人口流动城市群，人口规模大、流动范围广，研究这一地区流动人口公共服务参与对生育意愿的影响具有较高的典型性和代表性。

生育意愿受多种因素影响，学者从经济因素、个体特征、家庭特征等方面展开分析。①经济因素。经济水平是决定生育意愿的物质基础，当收入的增长不足以支付生育成本上升，且生育行为造成未来预期收入下降时，生育率往往降低。因此，收入远超平均水平的育龄夫妇更容易承担超生的经济处罚及养育子女的成本投入，生育意愿往往较高。此外，经济发展水平较好的地区其理想生育子女数低于欠发达地区，传统文化因素可能或多或少影响着生育决策，但是生育成本的现实让育龄夫妇选择少生优生。②个体特征。育龄群体个体差异较大，个人年龄、婚姻状况、受教育程度、性别等特征不同影响生育意愿。在接近育龄阶段时生育意愿较强烈，随着年龄增加，生育能力下降。已婚青年意愿生育数量高于未婚，且初婚年龄推迟降低了生育意愿。受教育程度较低的女性生育二孩的意愿会更强烈，受教育水平通过提高收入，增强发展事业偏好和推迟初婚年龄来降低生育意愿。③家庭特征。家庭支持有利于生育意愿的提高。女性生育后，祖辈隔代支持照顾孩子会减轻女性的负担，降低二孩生育成本和缩短女性生育二孩的间隔，提高生育意愿。此外，家庭社会经济地位越高，意愿生育的子女数量越有可能被满足。生育意愿会随着家庭人均收入水平的提高先降低再提高，呈现"U"形特征。

公共服务可以改善收入分配格局，降低支出和提高可支配收入，增强居民幸福感，提高生育意愿，而公共服务的推进使养老模式发生改变，由子女养老转变为政府养老，抑制生育意愿。①工资收入机制。基础设施类公共服务可以促进产业集聚，增加就业岗位，提高居民收入。此外，环境、医疗等公共服务可以提高居民健康水平，从而提高人力资本和收入。②居民幸福感。廉威和苏竣（2020）发现，非发达国家公共支出越多居民幸福感越强。我国仍是发展中国家，增加公共服务支出可以增强居民的主观幸福感以提高居民的二孩生育意愿。公共服务满意度也会影响幸福感从而显著促进二孩生育意愿，不同类型的公共服务满意度对生育意愿的影响有所不同，但是所有的公共服务满意度均对二孩生育意愿具有显著促进作用。③养老模式。社会养老保障制度打破了传统的"养儿防老"思想，政府养老将显著降低居民生育意愿和生育数量。此外，参加基本养老保险的城镇居民总和生育率降低了13%~17%，生育男孩意愿降低了13%~17%，生育女孩意愿降低了12%~16%。陈欢和张跃华（2019）经过进一步调查发现，养老保险对生育意愿的抑制作用主要发生在高收入和低收入家庭中，中等收入家庭影响并不显著，提高低收入家庭的收入可能会降低养老保险对生育意愿的影响。

　　流动人口生育意愿受到经济因素、公共服务等干扰，但人口的流动性会降低生育水平，流动群体的二孩生育意愿较低。就如何提高流动人口生育意愿，学者研究发现，流动人口拒绝生育二孩的主要原因在于生育成本过高，因此补贴效应较强的公共服务可以提高流动人口生育意愿。流动人口对城市生活水平的满意度会显著提高生育意愿，城市生活满意度包括公共服务参与。具体而言，有学者从医疗保险、住房公积金视角出发进行研究，结果发现医疗保险、住房公积金对流动人口生育意愿具有促进作用。综上所述，现有文献的不足主要包括：一是大部分学者只对一年的数据进行分析，缺乏不同年份的比较分析。二是对流动人口生育意愿影响因素进行了分析，但从流动人口公共服务视角出发研究生育意愿较为鲜见。本书采用2014年和2018年全国流动人口动态监测数据库，以长三角地区为流入地，探究流动人口公共服务参与对生育意愿的影响。本书的边际贡献在于：第一，测度不同年份流动人口公共服务参与水平，并论证其对生育意愿的影响。第二，研究带有补贴效应的公共服务参与水平对生育意愿的影响。第三，对不同城市规模和家庭规模（已育子女数）的公共服务参与不同对生育意愿的影响进行检验。

二、模型设定、数据和变量

（一）模型设定

本书借鉴黄秀女和徐鹏（2019）选用 Logit 模型来探究流动人口公共服务参对

生育意愿的影响，设定以下回归方程：

$$Desire_{in} = \mu Service_{in} + \sigma_1 Per_{in} + Family_{in} + \sigma_3 Job_{in} + \sigma_4 Flow_{in} + \sigma_5 Child_{in} + \varphi_{in}$$

其中，$Desire_{in}$ 为流入地 n 省或市流动女性 i 的生育意愿；σ_1、σ_2、σ_3、σ_4、σ_5 为个人特征、家庭特征、工作特征、流动特征、曾生子女数的系数；μ 为公共服务参与的系数；φ_{in} 为随机扰动项。

（二）数据来源

本书数据来自中国流动人口动态监测数据库（CMDS）。该数据采用分层、多阶段、与规模成比例的 PPS 抽样方法，调查对象为"在调查一个月前来本地居住、非本区（县、市）户口且年龄在 15 周岁及以上的流动人口"。参考段成荣和孙玉晶（2006）对流动人口范围的界定，本书筛选出流动时间在一个月以上的跨省或省内跨市人员作为流动人口。选取的年份为 2014 年，因刘一伟（2017）认为，养老保险会对生育意愿有强烈的抑制作用，而问卷中的社会保障为养老保险参与情况，为确保其不影响其他公共服务，本书剔除了社会保障这一选项，选取 CMDS 成人问卷研究的其他公共服务参与对生育意愿的影响。

（三）变量说明

1. 变量设定

被解释变量为生育意愿（Desire）。生育意愿以"您是否打算再生育一个孩子?"的回答界定。本书对此进行赋值，是 = 1，否 = 0，不清楚设为 0，删去在孕数据。解释变量为公共服务参与，包括社会保障、社会医疗、健康教育、居民健康档案、本地家庭医生签约。剔除公共服务缺失值，参加一项计为 1，并除以总计公共服务项目 4，参与水平最大值为 1。控制变量设定为个体特征、家庭特征、流动特征和曾生子女数，其中参考了赵昕东和李翔（2018）将职业特征纳入控制变量，以及参考了王良健和蒋书云（2017）将受教育程度和职业特征设为分类变量，变量设定具体如表 7-7 所示。

表 7-7　变量设定

变量		定义
公共服务参与(Service)	社会医疗(Med)	参与=1，未参与=0
	健康教育(Heal)	
	居民健康档案(File)	
	本地家庭医生签约(Doc)	
	社会保障(Care)	
个体特征(Per)	年龄(Age)	女(15~45 岁)
	民族(Nat)	汉族=1，少数民族=0
	受教育程度(Edu)	未上过学=1，小学=2，初中=3，高中=4，中专和大学专科=5，大学本科=6，研究生=7
	户口状况(Regi)	农业=1，非农=0
	婚姻状况(Marr)	已婚=1，未婚=0
家庭特征(Family)	家庭住房支出(Hous)	对数形式
	家庭平均收入(inco)	对数形式
职业特征(Job)	从事农业(Farm)	从事农业=1，从事其他=0
	职业性质(Career)	事业单位及国企=1，集体和个体及民办企业=2，私企、外企及中外合资企业=3，其他=4
流动特征(Flow)	流动范围(Range)	跨省流动=1，省内跨市=0
	留居意愿(Settle)	留居=1，返乡=0
曾生子女数(Child)		常数
生育意愿(Desire)		常数
样本量(N)		常数

2. 变量的描述性统计

表 7-8 给出了被解释变量、解释变量及控制变量的描述性统计。在被解释变量方面，2014 年生育意愿均值为 0.106，2018 年为 0.111，生育意愿有所提高。在解释变量方面，2018 年公共服务参与水平相较于 2014 年有所提高。流动女性社会医疗、健康教育、社会保障参与水平较高，居民健康档案和本地家庭医生签约参与水平较低。

在控制变量方面，2018 年相较于 2014 年，流动人口受教育水平提高，农业户籍人口降低，家庭平均住房支出增加超过收入增加，跨省流动和留居意愿降低。

表 7-8 样本的描述性统计

变量		2014 年				2018 年			
		均值	标准差	最小值	最大值	均值	标准差	最小值	最大值
Service	Med	0.829	0.376	0	1	0.924	0.265	0	1
	Heal	0.627	0.484	0	1	0.766	0.423	0	1
	File	0.139	0.345	0	1	0.169	0.374	0	1
	Care	0.694	0.461	0	1				
	Doc					0.051	0.221	0	1
Per	Age	32.608	9.032	15	59	33.981	9.495	15	59
	Nat	0.954	0.21	0	1	0.942	0.235	0	1
	Edu	3.184	1.084	1	7	3.482	1.33	1	7
	Regi	0.868	0.338	0	1	0.698	0.459	0	1
	Marr	0.818	0.386	0	1	0.830	0.376	0	1
Family	Hous	6.226	0.953	0.693	9.903	6.791	1.005	3.912	10.309
	inco	8.674	0.565	5.991	12.612	9.049	0.561	5.704	13.71
Job	Farm	0.013	0.115	0	1	0.006	0.08	0	1
	Career	2.683	0.655	1	4	2.709	0.766	1	4
Flow	Range	0.822	0.382	0	1	0.790	0.407	0	1
	Settle	0.565	0.496	0	1	0.420	0.494	0	1
Child		1.429	0.711	0	5	1.463	0.735	0	5
Desire		0.106	0.308	0	1	0.111	0.314	0	1
N		15468				11069			

此外，无论是 2014 年还是 2018 年农业户籍的流动人口均占据样本的大部分，2018 年虽然有所降低，但在流动人口中农业户籍流动女性仍然占据了很大一部分，表明流动人员主要为农村剩余劳动力。

三、实证结果分析

(一)公共服务参与对生育意愿的影响

本书采用 Logit 模型分析公共服务参与对生育意愿的影响。由表 7-9 可知，2014 年公共服务参与对生育意愿的影响并不显著，进一步研究不同类型公共服务参与对生育意愿的影响，由表7-9可知，社会保障在10%的水平上显著抑制了生育意愿，社会医疗、健康教育、居民健康档案则表现为不显著。2018年剔除社会保障的公共服务参与在1%的水平上显著促进生育意愿。在不同年份，公共服务参与对生育意愿的影响并不相同，可能的解释是社会保障体系的完善、生育政策的落地使2018年公共服务参与显著促进了生育意愿。进一步探究公共服务参与水平不同是否会对生育意愿产生影响，选取2018年流动女性作为样本，以公共服务参与均值为界限进行分析：（1）表示公共服务参与在均值以下，（2）表示公共服务参与在均值以上。由表7-10可知，在均值以上的公共服务参与显著促进了生育意愿，在均值以下不显著，表明较高的公共服务参与对生育意愿具有显著的促进作用，较低的公共服务参对生育意愿的促进作用不显著。当流动人口参与公共服务较低时，享受的公共服务补贴效应较小，而生育行为既削减了流动人口收入又增加了其未来消费，在收支矛盾的困境下，生育意愿降低。相反，当流动人口公共服务参与较高时，能够享受更多的补贴，以降低生育成本，有助于获得更多的生育幸福感体验，进而提高生育意愿。我国在不断推进公共服务均等化政策，2018年流动人口公共服务参与水平相较于2014年有所提高，且增加了本地家庭医生签约服务，流动人口享受的公共服务显著增加，如表7-11所示。

表7-9　2014年公共服务参与对生育意愿的影响

变量		系数	Robust Std. E.	p 值
Service	Care	−0.152	0.078	0.052*
	Med	0.12	0.1	0.229
	Heal	0.005	0.061	0.936
	File	−0.092	0.082	0.265
Control		YES		
R^2		0.087		

注：*表示在10%的水平上显著。

表 7-10   2018 年公共服务参与不同对生育意愿的影响

变量	（1）			（2）		
	系数	Robust Std. E.	p 值	系数	Robust Std. E.	p 值
Service	2.666	2.456	0.278	0.777	0.447	0.082 *
Control	YES			YES		
N	2911			8158		
R²	0.362			0.383		

注：*表示在 10%的水平上显著。

表 7-11   公共服务对生育意愿的影响

变量		2014 年			2018 年		
		系数	Robust Std. E.	p 值	系数	Robust Std. E.	p 值
Service		−0.251	0.209	0.228	0.83	0.305	0.007 ***
Per	Age	−0.113	0.010	0.000 ***	−0.086	0.008	0.000 ***
	Nat	−0.334	0.246	0.174	0.380	0.273	0.164
	Edu	0.204	0.071	0.004 ***	0.013	0.056	0.812
	Regi	0.401	0.181	0.027 **	0.012	0.120	0.920
	Marr	—	—	—	2.014	0.270	0.000 ***
Family	Hous	0.016	0.134	0.903	−0.169	0.076	0.027 **
	inco	−0.084	0.065	0.193	0.013	0.138	0.923
Job	Farm	0.209	0.124	0.090 *	−0.513	1.981	0.796
	Career	−1.176	1.037	0.257	−0.073	0.071	0.306
Flow	Range	−0.005	0.086	0.951	0.032	0.131	0.806
	Settle	0.021	0.115	0.859	0.308	0.121	0.011 **
Child		−2.071	0.591	0.000 ***	−2.877	0.127	0.000 ***
N		15468			11069		
R²		0.084			0.380		

注：*、**和***分别表示 10%、5%和 1%的显著性水平。

从控制变量来看，个体特征、家庭特征、工作特征、流动特征和曾生子女数同样影响流动人口生育意愿。由表 7-10、表 7-11 可知：①年龄在 1%的水平上抑制生育意愿，已婚在 1% 的水平上显著促进了生育意愿，受教育水平和农业户籍由 2014 年显著促进生育意愿转变为在 2018 年不显著。这表明，年龄和已婚对生育意愿的影响不随着时间而变化，年龄越大生育意愿越低且已婚女性生育意愿更高。②2014 年家庭住房支出对生育意愿的影响不显著，2018 年家庭住房支出在 5% 的显著性水平上抑制生育意愿，表明随着房价的上涨、家庭住房支出成本增加会对生育意愿产生影响。③2014 年从事农业的流动人口在 10% 的水平上显著促进了生育意愿，2018 年则不再显著，表明从事农业对生育意愿的影响发生变化。④相较于 2014 年，2018 年意愿留居人口的生育意愿明显增强，随着流动人口规模的增加，出于家庭稳定性的考虑，有留居意愿的女性更倾向生育。此外，在不同年份，曾生子女数在 1% 的水平上显著抑制了生育意愿。综上所述，年龄限制、住房支出增加、受教育水平提高、曾生子女数均会抑制流动人口的生育意愿。并且随着年份的增加，从事农业和农业户籍也不再促进生育意愿，影响生育意愿的因素已经发生改变。

（二）不同城市规模下公共服务参与对生育意愿的影响

流动人口流入的城市规模会对其生育意愿产生影响，因此本书将对城市规模进行划分以进一步分析不同城市规模下公共服务参与对生育意愿的影响。按照《关于调整城市规模划分标准的通知》，将长三角地区的地级市按照常住人口大小划分为超大城市（1000 万以上）、特大城市（500 万~1000 万）、大城市（100 万~500 万）、中等城市（50 万~100 万）。表 7-12 列出了不同城市规模下流动人口公共服务参与对生育意愿的影响，因长三角地区中等城市样本量较少，故删去此样本。由表 7-12 可知，超大城市的流动人口公共服务参与在 5% 的水平上显著促进生育意愿，特大城市和大城市不显著。按照上文对超大城市流动人口公共服务参与水平划分：（1）表示公共服务参与在均值以下，（2）表示公共服务参与在均值以上。表 7-13 显示，均值以上的公共服务参与在 1% 的水平上显著促进生育意愿，均值以下不显著。结果表明，较高的公共服务参与显著促进流动人口生育意愿，较低的公共服务参与对流动人口生育意愿促进作用不显著，提高超大城市流动人口公共服务参与水平有助于提高生育意愿。

表7-12 2018年不同城市规模下公共服务参与对生育意愿的影响

变量	超大城市		特大城市		大城市	
	系数	Robust Std. E.	系数	Robust Std. E.	系数	Robust Std. E.
Service	0.624**	0.316	0.337	0.225	0.282	0.345
Control	YES		YES		YES	
N	4008		4836		2203	
R²	0.413		0.381		0.338	

注：**表示在5%的水平上显著。

表7-13 2018年超大城市公共服务参与不同对生育意愿的影响

变量	(1)			(2)		
	系数	Robust Std. E.	p值	系数	Robust Std. E.	p值
Service	0.346	0.247	0.160	0.576	0.187	0.002***
Control	YES			YES		
N	1131			2877		
R²	0.388			0.3802		

注：***表示在1%的水平上显著。

(三)不同家庭规模下公共服务参与对生育意愿的影响

表7-14显示，已生子女数在1%的水平上显著降低生育意愿，已有子女数量越多生育意愿越低。进一步分析已有不同子女数量下，流动女性公共服务参与对生育意愿的影响。由表7-15可知，无孩的流动女性公共服务参与在10%的水平上显著促进生育意愿，已有1孩的流动女性公共服务参与在5%的水平上显著促进生育意愿，已有2孩的流动女性公共服务参与对生育意愿的促进作用不再显

著。无孩和已有 1 孩公共服务参与对生育意愿的促进作用显著，表明公共服务参与对无孩或已有 1 孩的流动女性生育意愿的促进作用更加明显。进一步研究已有不同子女数公共服务参与的不同对生育意愿的影响，因无孩流动女性样本数量较少，不具有代表性，且二孩生育意愿更受关注。因此，研究已有 1 孩公共服务参与对二孩生育意愿的影响。按照上文对已有 1 孩流动女性公共服务参与水平划分：（1）表明公共服务参与在均值以下，（2）表示公共服务参与在均值以上。由表 7-15 可知，均值以上的公共服务参与在 10% 的显著性水平上促进生育意愿，均值以下不显著。公共服务参与水平较高显著促进二孩生育意愿，公共服务参与较低对二孩生育意愿促进作用不显著，表明提高已有 1 孩的流动女性公共服务参与水平会提高二孩生育意愿，提高生育水平。

表 7-14　2018 年分子女数量公共服务参与对生育意愿的影响

变量	0		1		2	
	系数	Robust Std. E.	系数	Robust Std. E.	系数	Robust Std. E.
Service	1.207*	0.684	0.792**	0.367	0.053	1.232
Control	YES		YES		YES	
N	675		4534		3940	
R^2	0.169		0.053		0.051	

注：*、**分别表示在 10%、5% 的水平上显著。

表 7-15　2018 年公共服务参与对二孩生育意愿的影响

变量	（1）			（2）		
	系数	Robust Std. E.	p 值	系数	Robust Std. E.	p 值
Service	0.904	1.365	0.508	0.496	0.278	0.074*
Control	YES			YES		
N	1099			3435		
R^2	0.095			0.051		

注：*表示在 10% 的水平上显著。

四、稳健性检验

考虑到模型选择的偏误，本书利用 Probit 模型和泊松分布对生育意愿进行稳健性检验。上文论证基础在于 2018 年公共服务对生育意愿具有显著的促进作用，因此本书针对 2018 年样本进行稳健性检验。在 Probit 模型中，公共服务参与在1% 的显著性水平促进生育意愿，Poisson 模型在 5% 的显著性水平促进生育意愿，所得结果均是公共服务参与显著促进了生育意愿。此外，个体特征、家庭特征、职业特征、流动特征和上文结果基本相同，结果稳健，表明公共服务促进了生育意愿，具体结果如表 7-16 所示。

表 7-16　2018 年公共服务对生育意愿影响

变量		Probit			Poisson		
		系数	Robust Std. E.	p 值	系数	Robust Std. E.	p 值
Service		0.424	0.16	0.008 ***	0.444	0.182	0.015 **
per	Age	−0.046	0.004	0.000 ***	−0.061	0.006	0.000 ***
	Nat	0.191	0.141	0.175	0.229	0.173	0.187
	Edu	0.010	0.030	0.729	0.021	0.031	0.501
	Regi	0.000	0.063	0.995	−0.014	0.071	0.840
	Marr	0.996	0.166	0.000 ***	1.054	0.158	0.000 ***
Family	Hous	−0.090	0.040	0.024 **	−0.103	0.048	0.030 **
	inco	−0.015	0.072	0.838	0.030	0.083	0.721
Job	Farm	−0.148	0.786	0.851	−0.252	1.081	0.815
	Career	−0.048	0.037	0.197	−0.030	0.042	0.471
Flow	Range	0.044	0.069	0.525	0.019	0.079	0.809
	Settle	0.156	0.065	0.016 **	0.202	0.074	0.007 ***
Child		−1.518	0.076	0.000 ***	−1.824	0.059	0.000 ***
N		15468			11069		
R^2		0.374			0.293		

注：* 、** 、*** 分别表示在 10%、5%、1% 的水平上显著。

五、研究结论

为应对人口出生率下降，中国不断放开生育政策，提高公共服务参与水平、降低生育成本、优化生育环境是解决人口结构失衡问题的重要举措。本书基于中国流动人口动态监测数据，利用 Logit 模型分析流动女性公共服务参与对生育意愿的影响，并运用 Probit 和泊松回归进行稳健性检验，主要得出以下结论。

第一，2014 年和 2018 年流动女性公共服务参与对生育意愿的影响不同。2014 年流动女性公共服务参与对生育意愿的促进作用并不显著，公共服务中的社会保障显著抑制生育意愿。随着基本公共服务均等化政策的推行、生育政策的放开和流动人口公共服务参与提高，2018 年剔除社会保障，带有补贴效应的公共服务参与显著促进了生育意愿。进一步对 2018 年样本进行分析，结果发现公共服务参与在均值以上时对生育意愿具有显著的促进作用，在均值以下时则不显著，提高公共服务参与水平会提高生育意愿。因此，提高带有补贴效应的公共服务的参与水平会抑制社会保障和生育成本对生育意愿的影响。

第二，不同城市规模下流动女性公共服务参与对生育意愿的影响存在差异。在超大城市规模下，流动女性公共服务参与显著促进了生育意愿，特大城市和大城市不显著。进一步研究发现超大城市均值以上的公共服务参与显著促进生育意愿，均值以下不显著。提高超大城市的流动女性公共服务参与水平能提高生育意愿。

第三，已生子女数抑制了流动女性的生育意愿，但不同的已有子女数表现出不同的结果。无孩和已有 1 孩的流动女性公共服务参与对生育意愿具有显著的促进作用，已有 2 孩则不显著。进一步分析发现，在已有 1 孩的流动女性公共服务参与均值以上显著促进生育意愿，在均值以下不显著。提高已有 1 孩流动女性的公共服务参与能提高二孩生育意愿。

研究结论的重要启示在于：

第一，尽快取消农业户籍制度，破除公共服务获取壁垒对于提高生育意愿具有重要影响。中国流动人口大部分来自农业户籍，农业户籍流动人口公共服务获取相比非农户籍流动人口更加困难。2014 年，国务院颁发了《关于进一步推进户籍制度改革的意见》，推动户籍制度改革，持有居住证的流动人口的子女，可以逐步参加异地高考政策，尚没有全面取消农业户籍制度，超大城市的户籍迁移仍较为困难。该政策在一定程度上改善了流动人口公共服务获取的困境，但户籍制度仍限制了流动人口公共服务参与度的提高，并存在公共服务精英俘获的趋势。

第二，完善公共服务体系，缓解生育压力。流动人口参与公共服务种类较少，往往受限于基本养老保险、社会医疗和健康教育，但养老保险难以缓解生育压力，社会医疗和健康教育的作用相对有限。需要构建科学和完善的公共服务体系，一方面改善收入分配格局，提高流动人口收入水平，实现社会公平；另一方面满足流动人口的社会保障需求，提升居民幸福感，缓解生育压力，提高流动人口生育意愿。公共服务旨在为所有居民提供基本保障，完善公共服务体系建设对提高我国流动人口生育意愿具有重要现实意义。

第三，大力推进公共服务建设，细化公共服务方式。实证检验结果表明，流动女性公共服务参与水平较高会促进生育意愿。因此，就如何提高流动人口公共服务参与水平，本研究建议：首先，大力推进公共服务建设，"十四五"规划明确提出"到 2025 年基本公共服务均等化水平明显提高，到 2035 年基本公共服务实现均等化"，保障流动人口公共服务获取的公平性，维护流动人口的利益。其次，纳入性别视角，制定女性的差异化福利政策，鼓励生育。鉴于女性生育后孩子照料、职场歧视、身体伤害对流动女性生育意愿的影响，应制定一系列配套服务政策，优化女性生育环境。此外，社区作为国家治理的重要抓手，应更加主动地关注外地人口公共服务参与，提升外地人口的社会融入感，有效推动公共服务均等化建设落到实处，从而提高生育意愿。

本章小结

　　我国正面临严峻的人口形势且集中表现为人口老龄化和低生育率。生育观念的转变、育儿成本的增加和城镇化的发展成为低生育率的主要原因。相关政策产生的效果远低于预期值，因此规范公共服务体系配套政策成为促进生育意愿提高的重要手段。经济发展水平、个体微观决策及生育政策是生育率变化的客观因素，而公共服务能够通过经济效应与满意度效应显著提高生育意愿。

　　通过对城市公共服务各项具体指标实证发现，社会保障与生育率呈负相关；低分位点，教育保障与生育意愿呈现正向关系，高分位点产生负向影响；医疗保障、住房保障、就业保障、生活综合保障水平在全分位点上对改善生育率均存在正向影响；部分公共服务保障指标存在区域异质性现象。通过研究流动人口公共服务参与对生育率的影响发现不同年份女性公共服务参与对生育意愿的影响不同；不同城市规模下流动人口公共服务参与对生育意愿的影响存在差异；已生子女数抑制了流动人口的生育意愿，但对于已有不同子女数表现出不同的结果。据此得出尽快取消农业户籍制度、完善公共服务体系与推进公共服务建设三条重要启示。

第八章　城镇化过程中城市福利
对生育率的影响

第一节　理论假设与实证基础

一、城镇化影响生育率的机制之三：城市福利

人口是经济社会发展的根本动力，未来一段时期我国将面临严峻的人口形势（张孝栋等，2021）。面对人口发展的新情况新变化，习近平总书记指出，要科学把握人口发展趋势，把促进人口均衡发展作为国家重大战略决策。近年来，我国出生人口数量持续减少，跨越低生育陷阱、提高生育率、平衡人口结构已成为在现实层面不得不正面回应的重要议题。人口问题关乎国计民生，稳定且有活力的人口结构是国家可持续发展的根基。持续的低生育水平引发少子化和老龄化等一系列人口问题，提高生育率是解决人口老龄化、提高抚养比、增加劳动人口的根本手段。21世纪90年代以来，我国总和生育率普遍低于更替水平，城市生育率和生育意愿要显著低于乡村，年轻群体的生育意愿较低，且实际生育数远低于生育意愿（汪伟等，2020）。第七次全国人口普查数据显示，北京、上海规模超大型

城市总和生育率仅为 0.71、0.73，长江经济带性别比为 105.01，比全国水平高出 0.21，其中浙江省男女性别比高达 109.04，高出全国水平 4.24；少年儿童抚养比为 24.94，低于全国水平 1.30，上海市少年儿童抚养比仅为 13.25，低于全国水平 12.99；老年人口抚养比为 19.74，比全国水平高出 1.69，重庆老年人口抚养比高达 25.48，高出全国水平 5.74。

城市福利作为城市化的典型产物，涉及经济、社会、环境等多个维度的内容（邹一南，2021），其既是城市可持续发展的重要保障，也能够反映一个城市对人们物质和文化需求的满足水平。随着我国城镇化和工业化步伐加快，人们的生活压力倍增，竞争型社会氛围充斥在人们工作、学习和生活的方方面面。生育保险尚未全覆盖、普惠托育体系尚不健全、教育资源不均、房价高、住房负担重、女性就业市场歧视等现象，加重了育龄群体的生育负担，显著消减了人们的生育意愿（聂建亮、董子越，2021）。现有文献对影响生育意愿的因素进行了较为全面的分析，但从城市福利的视角研究生育意愿问题的研究较为鲜见。从理论上看，城市福利对生育意愿的影响是存在的，产生影响的微观机制在于：城市是现代社会福利政策的起点，是统筹人与自然、社会和谐发展的载体。我国的城市福利在经历了社会救助和城乡二元福利后发展逐步完善，社会保障与公共服务体系更加注重以人为核心。大城市因自身区位优势受到资本偏袒，超额供给提高居民工资进而吸引人口流入，城市规模不断扩大。就个体而言，稳定的就业、更高的可支配收入能够增强人们的城市身份认同感，有助于释放生育意愿缺口，但是生育行为产生的闲暇、晋升等机会成本带来的替代效应会影响个人或家庭的生育决策，降低生育意愿。当前，政府不断推出三孩合法化、三孩生育费用纳入医疗保障、减轻家庭生教养负担、鼓励和支持幼儿托育、父母育儿假等生育鼓励政策以提升福利供给水平，由传统"家庭育儿"转移到"社会育儿"，有助于降低家庭的育儿成本，提高生育意愿，但因为城市规模的无序扩张使公共产品透支，拥挤效应增加，降低人均公共服务享有量，同时带来的交通拥堵、高房价等一系列消极影响降低了居民生育意愿。此外，随着空气质量、居住区绿化环境及生活污水处理率的提高，有助于增强居民生活满意度和幸福感，对释放生育意愿亦产生积极作用。值得注意的是，在技术进步提高生产效率的同时，工业生产中的污染物释放形成的环境激素，会加大难孕、不孕的概率，依靠科技辅助生殖技术提高生育率也成为一种现实需要，城市福利对生育意愿的影响如图8-1所示。

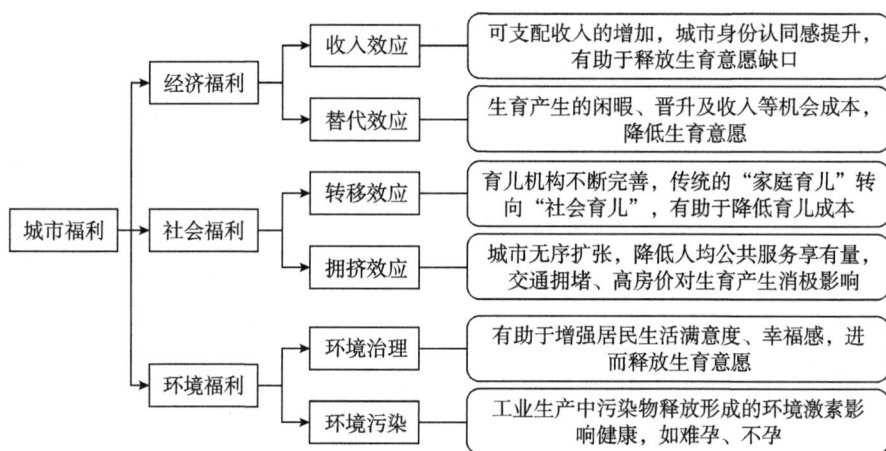

图8-1　城市福利对生育意愿的影响

二、城市福利影响生育率的文献综述

随着经济社会的发展，女性市场参与度的提升对育儿活动形成挤压，而随着女性收入的增加，其对生育决策具有更大的话语权及机会成本，使家庭生育决策变得更加谨慎（钱学锋、魏朝美，2014；熊永莲、谢建国，2016）。《中国生育成本报告（2022）》显示，全国家庭0~17岁的孩子平均养育成本为48.5万元，上海家庭的养育成本更是高达102.6万元，过高的养育成本会降低城乡生育意愿（柳如眉、柳清瑞，2020），城乡教育资源鸿沟及以学区房为代表的城市内部差异化教育形式，都对人们的生育决策产生了较大影响（陈卫、刘金菊，2021）。抛开经济因素，广泛被讨论的社会问题也是造成低生育率现象的重要原因。适龄青年接受教育水平的普遍提高，推迟了初婚初育年龄（张丽萍、王广州，2020），且随着人力资本整体素质的提高，他们有更高的自我价值追求，传统的家庭观受到挑战。同时女性在劳动力市场上可能受到的隐形歧视，如岗位招聘男性偏好、职场边缘化等现象，在家庭的子女照料上女性的负担更重。快速的城镇化进程使流动人口大幅增加，经常性的流动会增加流动成本，干扰婚育行为。同时流入城市的农村人口会改变传统的婚育风俗，何兴邦（2020）认为农村劳动力的城市流入会显著降低其生育水平，尤其体现在"80后"与东部地区发达城市。此外，关于代际育儿问题也有着广泛的研究，很多家庭愿意生育多孩的原因在于隔代照料，但仅是缓解问题的手段，并非生育缺口的主因（于也雯、龚六堂，2021）。除了外在社会经济结构因素的变迁，内嵌于生育政策背后的生育文化和价值规范也是导致中国陷入低生育陷阱的重要因素。普遍形成低生育规范，全社会对推迟婚育、不婚和不育等观念和现象的包容度显著提高。总体上看，随着经济社会的发展，影响生育决策的主要因素由国家整体的人口政策向个体收入、教育水平、家庭代际和低生育文化等内生性因素转变。生育率下降是宏观社会发展水平和微观个体负担加重二者综合作用的结果。

庇古认为福利是人们对享受、满足和效用的心理反应或主观评价。旧福利经济学指出产品的价格可以度量个人与社会福利，福利最大化即经济总量最大化且由于边际效用递减，居民收入的均等化可以提升总体福利水平（White，2007）。Armiento（2018）认为，消费的商品基于个人能力所带来的机会和活动是创造福利的源泉，提出了可行能力理论，这在一定程度上扩展了福利经济学的研究范畴。城市福利是城市区域范围内的各种福利体系及其总和，综合体现在经济、社会、生态三个维度上，涵盖了物质与非物质两个层面，反映了城市经济社会发展的功能实现状况（胡小武，2011）。关于城市福利的测度，学术界并没有统一的测度手段及评价指标体系，比较常用的二级指标是把城市福利分为经济福利、社会福利、环境福利，且多为使用宏观数据(邹一南，2021)。徐维祥等(2018)利用12年的面板数据分析全国30省份城市福利的空间特征发现呈东部高，中部次高，西北西南低的"山"字形分布。

梳理现有文献发现，关于城市福利与生育意愿相联系的研究相对不足，陈秀红(2017)认为家庭生育决策像购买商品一样需要"精于计算"，政策的"去商品化"能力较弱，影响城市女性因二孩生育意愿的社会福利因素不足以缓解女性二孩生育所带来的经济压力，从而导致再生育意愿降低。由于城镇化作用下的虹吸作用，流动人口大规模向城市流动，不断扩大城市规模增强城市福利，一般而言，生活在高福利城市的人们更倾向生育多孩，现实却是在上海这种包容性强、福利高的城市，生育率更低。

综上分析，现有文献主要聚焦于经济、社会、家庭代际及制度因素对生育率下降的影响分析，是对当前我国人口结构变化及生育政策调整的回应。但以城市福利为视角，探析其对生育意愿的影响研究还较为鲜见，现有研究多是从家庭整体出发，将生育作为整个家庭的决策或行为。显然，儿童养育(生育保险、儿童医疗、学前教育)、儿童照顾，女性生育、就业权益的保障都离不开政府部门的福利措施，生育活动与城市经济、社会、环境福利具有密切的内在联系。本书的边际贡献在于：一是分析生育意愿与城市福利联系的内在逻辑，探析城市福利对生育意愿的影响机制，为政府出台相关政策，加强生育福利资源供给提供理论依据。二是以长江经济带为我国典型的先行示范带，城市密集，超大城市充沛的人力资源流入，生育主力汇集，其研究结果更具代表性。三是探讨城市层级的各种福利与生育意愿的内在特征。

第二节　城市福利影响生育率的效应分析

一、城市福利测度与生育意愿描述

（一）数据来源及模型构建

本书的数据源自 CFPS 微观数据库及长江经济带 30 个地级市的宏观数据。根据 CFPS 中受访者所在地级市的代码，匹配和计算了地级市层次的宏观数据，经过数据清洗，最终得到 2705 份分析样本。为了对研究假设进行实证检验，在此建立如下基本计量模型。由于本书所用数据分别属于城市与个体层级，对于此种多个相互嵌套的分析单位解决方法参考（Hox，1998；雷雳、张雷，2002；刘红云、孟庆茂，2002）选用 HLM 分层线性模型。

层-1：$Bir_{ij} = \beta_{0j} + \beta_{1j}X_{kij} + e_{ij}$ 　　　　　　　　　　　　　　　（8-1）

层-2：$\beta_{0j} = \gamma_{00} + \gamma_{01}Z_j + u_{0j}$ 　　　　　　　　　　　　　　　（8-2）

$\beta_{1j} = \gamma_{10} + \gamma_{11}Z_j + u_{1j}$ 　　　　　　　　　　　　　　　（8-3）

总方程：$Bir_{ij} = \gamma_{00} + \gamma_{10}X_{kij} + \gamma_{01}Z_j + \gamma_{11}Z_jX_{kij} + \mu_{1j}X_{kij} + \mu_{0j} + e_{ij}$ 　　（8-4）

被解释变量 Bir_{ij} 是第 j 个城市被调查个体 i 的生育意愿，当被问及"您认为自己有几个孩子比较理想？"时，被调查者 j 回答"两个孩子及以上"，变量取值为 1，回答"两个孩子以下"则变量取值为 0。式（8-1）至式（8-3）中，X_{kij} 为第一层的第 k 个自变量；β_{0j} 为层 1 随机截距项；β_{1j} 为层 1 随机斜率项；γ_{00}、γ_{01}、γ_{10}、γ_{11} 为固定系数，属于固定效应的部分；e_{ij}、u_{0j}、u_{1j} 为随机误差，属于随机效应的部分；Z_j 为城市层级的变量。式（8-4）为总方程，γ_{00} 为第一层的截距 β_{0j} 在第二层的截距项（截距的截距），也是总模型的截距项；γ_{01} 为第一层的截距 β_{0j} 在第二层的斜率项（截距的斜率），在总模型中，表示第二层变量 Z_j 对被解释变量的影响；γ_{10} 为第一层的斜率 β_{1j} 在第二层的截距（斜率的截距），在总模型中是 X_{kij} 对 Bir_{ij} 的回归系数；γ_{11} 为第一层的斜率 β_{1j} 在第二层的斜率（斜率的斜率），在总模型中是 Z_j 与 X_{kij} 的乘积项对因变量的回归系数，也就是第一层自变量与第二层自变量对生育意愿的交互作用。

（二）变量设置与描述

现有文献主要从经济、社会、环境三个维度对城市福利进行测算，本书选用39个指标进行城市福利测度。其中，经济福利：职工平均工资、人均地区生产总值、人均社会消费品零售总额、人均城乡居民年末储蓄余额、每万人均外商直接投资额实际使用额、人均地方财政一般预算内支出、城镇居民人均可支配收入、第三产业从业人员比重、人均地方财政一般预算内收入、人均地方财政一般预算内科学支出、人均地方财政一般预算内教育支出、人均年末金融机构存款余额、居民消费价格指数*（*表示负向指标）；社会福利：燃气普及率、用水普及率、人均道路面积、每万人均拥有医生数、每万人均拥有公共图书馆图书总藏量、人均电信业务量、每万人均普通高等学校数、每万人均普通高等学校专任教师数、人均房地产开发投资完成额、建成区供水管道密度、人均人行道面积、每万人均道路照明灯盏数、每万人均拥有医院卫生院数、每万人均拥有医院卫生院床位数、人均日生活用水量、人均移动电话使用户数、人均邮政业务量、人均国际互联网用户数、失业保险参与率、城镇登记失业率*；环境福利：污水处理率、人均公园绿地面积、建成区绿化覆盖率、生活垃圾处理率、每万人均公园个数、市区工业二氧化硫排放量*。本书采用熵值法确定城市福利特性指标权重，计算后的得分如表8-1所示。

如表8-1所示，城市福利排名前几位的是上海、杭州、武汉等一线、准一线城市。其中上海城市总福利排名第一，经济及社会福利均在前列，环境福利却居于中游，表明超大城市在经济快速发展的同时对环境有一定的负面影响。从城市

表 8-1　长江经济带 30 地级市城市福利水平值

城市	经济福利	社会福利	环境福利	城市福利
上海	0.392	0.331	0.024	0.748
无锡	0.201	0.266	0.031	0.497
扬州	0.086	0.134	0.046	0.266
杭州	0.242	0.393	0.047	0.682
宁波	0.210	0.239	0.045	0.494
宣城	0.061	0.085	0.025	0.170
合肥	0.116	0.205	0.029	0.351
安庆	0.031	0.050	0.019	0.101
赣州	0.035	0.052	0.028	0.116
吉安	0.036	0.035	0.024	0.095
抚州	0.030	0.048	0.035	0.113
武汉	0.208	0.310	0.021	0.539
宜昌	0.068	0.103	0.029	0.199
襄阳	0.056	0.060	0.017	0.132
长沙	0.160	0.240	0.023	0.422
湘潭	0.069	0.120	0.021	0.210
衡阳	0.029	0.052	0.021	0.103
岳阳	0.036	0.060	0.018	0.114
永州	0.026	0.042	0.014	0.082
娄底	0.019	0.063	0.015	0.098
重庆	0.069	0.113	0.031	0.213
成都	0.134	0.233	0.023	0.390
德阳	0.038	0.075	0.018	0.131
广元	0.027	0.057	0.025	0.110
乐山	0.035	0.069	0.021	0.125
宜宾	0.030	0.044	0.022	0.096
眉山	0.030	0.080	0.014	0.124
玉溪	0.053	0.075	0.018	0.145
普洱	0.024	0.071	0.014	0.109
遵义	0.039	0.127	0.026	0.192

层面来看，城镇化水平越高，该城市内居民的多孩生育意愿越低，这也与上海、北京等一线城市城镇化水平较高生育率却很低的现实状况相吻合。城镇化对生育率相关关系的研究较为丰富，大多数学者认为城镇化与生育率呈"U"形关系，即随着城镇化质量的逐渐提升会增强人们的生育意愿。第三产业发达的城市个体中"两孩及以上"生育意愿应当高于仅生育一个孩子。因为随着产业结构逐步升级，生活更加方便快捷，新生儿所需物品便宜、多样，同时，市辖区企业数量越多则"两孩及以上"生育意愿低于生育独生子女，可能的原因是众多企业增加了当地居民的就业机会，闲暇时间减少，工作时间拉长。城市的人口规模越大，集聚程度越高，城市所能供给的福利水平会高于小城镇，从而释放更多的生育意愿。

长江经济带上游仅成都、重庆在城市总福利的前十名中，长江经济带中游的武汉、长沙两个城市总福利进入前十名，长江经济带上游城市总福利较中上游城市高，排名在前十名的城市有上海、杭州、无锡、宁波、合肥、扬州。就此30个地级市而言，长江经济带下游城市的福利最高。本书在基本模型回归中所涉及的全部被解释变量、解释变量和控制变量的含义和描述性统计情况如表8-2所示。

表8-2　变量及描述性统计

变量名称	变量的含义及赋值	均值	标准差
被解释变量			
生育意愿	一个孩子=0，两孩及以上=1	0.670	0.470
解释变量			
经济福利	上文所述13个指标	0.146	0.143
社会福利	20个指标	0.166	0.120
环境福利	6个指标	0.025	0.008
控制变量			
年龄	男（22~60岁）女（20~45岁）	39.361	10.112
年龄的平方		1651.491	817.359
性别	男性=1，女性=0	0.619	0.485

续表

变量名称	变量的含义及赋值	均值	标准差
户口状况	非农户口＝1，农业户口＝0	0.309	0.462
当前工作状态	在业＝1，退出劳动力市场＝0	0.884	0.321
教育程度	初中及以下＝1，高中＝2，大专及以上＝3	1.622	0.808
您有多幸福	幸福感低＝1，幸福感一般＝2，幸福感高＝3	2.545	0.542
男女社会压力比较	同样压力＝1，女性＝2，男性＝3	1.740	0.921
健康状况	不健康＝1，比较健康＝2，很健康＝3	2.028	0.712
环境问题	不严重＝1，一般＝2，严重＝3	2.508	0.658
所在城市的城镇化率	常住人口城镇化率	0.652	0.158
所在城市的人口规模	城市常住人口规模（万人）	1075.748	906.245
所在城市的产业结构	第三产业与第二产业增加值之比	1.324	0.589
所在城市的企业数量	规模以上工业企业数（市辖区）	2747.999	3192.872

在全部样本中，期望"一个孩子"的占 33.01%，期望"两孩及以上"的占 66.99%，其中期望"两个孩子"的达到 61.63%。可以看出尽管国家逐步实施放开二孩、三孩政策，但生育意愿较低，大部分家庭期望子女数仍在两个孩子以内。

二、实证分析

(一)城市福利对生育意愿的检验

使用 HLM 模型前，首先建立零模型，判断是否可以进行 HLM 建模，连续型变量均经过均值对中处理后纳入分层模型。检验结果如表 8-3、表 8-4 所示。

表8-3　零模型回归结果

生育意愿	固定效应		随机效应		
	总截距项	p 值	系数	标准误	置信区间
城市	1.089	0.000	0.728	0.218	0.405　1.311

计算生育意愿的组内相关系数 ICC，结果显示，有 18.1% 的生育意愿差异可以由城市间的差异来解释，适合进行分层建模。

表 8-4　组件相关系数

Level	ICC	标准误	系数 95%置信区间	
城市	0.181	0.044	0.109	0.285

在零模型的基础上，运行有约束的中间模型并选择随机效应结构，进行纳入随机效应和不纳入随机效应的似然比检验，经检验后发现似然比检验的 p 值大于 0.1，提示没有证据显示允许层-2 的变量效应能够优化模型的拟合，因此没有在模型中纳入层-2 变量的随机斜率。引入第二层变量与第一层变量的交互项随机系数模型，采用分层 Logistic 的回归结果如表 8-5 所示。

表 8-5　生育意愿与城市福利的分层线性模型（HLM）

生育意愿	模型（1）HLM	模型（2）HLM	模型（3）HLM	模型（4）HLM
固定效应				
截距项	-1.090*** (0.165)	1.094*** (0.168)	1.315*** (0.275)	5.369*** (1.198)
经济福利	-0.345* (0.179)		0.457 (0.479)	1.471*** (0.472)
社会福利	-0.054** (0.023)		-0.104* (0.060)	-0.121** (0.049)
环境福利	-9.897 (19.308)		9.837 (19.453)	8.166 (16.254)
年龄		0.109*** (0.036)	0.087** (0.038)	0.266*** (0.076)
年龄的平方		-0.001** (0.000)	-0.001** (0.000)	-0.003*** (0.001)
性别			0.015 (0.109)	0.015 (0.110)
户籍			0.057 (0.112)	1.441*** (0.463)

续表

生育意愿	模型(1)	模型(2)	模型(3)	模型(4)
	HLM	HLM	HLM	HLM
工作状况			−0.086 (0.147)	−1.244 *** (0.422)
教育程度(高中)			−0.220 * (0.122)	−0.190 (0.123)
教育程度(大专及以上)			−0.616 *** (0.135)	−0.614 *** (0.137)
幸福感(一般)			0.479 (0.301)	0.495 (0.305)
幸福感(高)			0.617 ** (0.301)	0.637 ** (0.305)
认为女性社会压力更大			0.287 * (0.166)	0.289 * (0.167)
认为男性社会压力更大			0.194 * (0.101)	0.189 * (0.102)
健康状况(比较健康)			−0.000 (0.119)	0.036 (0.120)
健康状况(很健康)			0.007 (0.134)	0.050 (0.135)
层-1 层-2 交互项				
年龄×经济福利				−0.255 *** (0.093)
年龄平方×经济福利				0.003 ** (0.001)
户籍×经济福利				−0.001 *** (0.000)
户籍×社会福利				−1.326 *** (0.487)
户籍×环境福利				0.001 *** (0.000)
工作状况×经济福利				1.610 *** (0.437)

续表

生育意愿	模型(1)	模型(2)	模型(3)	模型(4)
	HLM	HLM	HLM	HLM
工作状况×社会福利				-0.001 *** (0.000)
Wald chi2	6.510	25.230	64.350	108.090
p 值	0.089	0.000	0.000	0.000
随机效应				
截距项	0.574 * (0.178)	-0.153 (0.150)	-0.272 * (0.156)	-0.539 *** (0.176)
年龄(斜率项)			0.001 *** (0.001)	
chi2(2)	151.000	320.550	143.810	71.170
p 值	0.000	0.000	0.000	0.000
N	2705	2705	2705	2705

注：*、**、***分别表示在10%、5%、1%的水平下显著。

模型(1)为随机截距模型，不纳入个体层级的随机效应与个体城市的交互项。结果表明，城市的经济福利、社会、环境福利提升不会带来更多的生育意愿，这也与一些国家的现实情况相符合，尽管各项福利保障全面，城市却有着越来越低的生育率。模型(3)未纳入层-1与层-2的交互项，结果表明，城市的社会福利在1%的水平上显著为负，意味着在当前社会福利水平的基础上提高生活福利水平，不会带来生育意愿的提升。

模型(2)仅存在年龄与年龄二次项，以探讨生育意愿与年龄的关系，可以得出生育意愿与年龄存在倒"U"形关系，由二次项方程可以计算得出当样本年龄为48.5岁时，生育意愿最高，达到3.732；模型(3)纳入层-1其他控制变量，其结果也显示生育意愿与年龄呈倒"U"形，且由一元二次项方程计算后得出当年龄为45岁时生育意愿最高达到3.27，具体图形如图8-2所示。

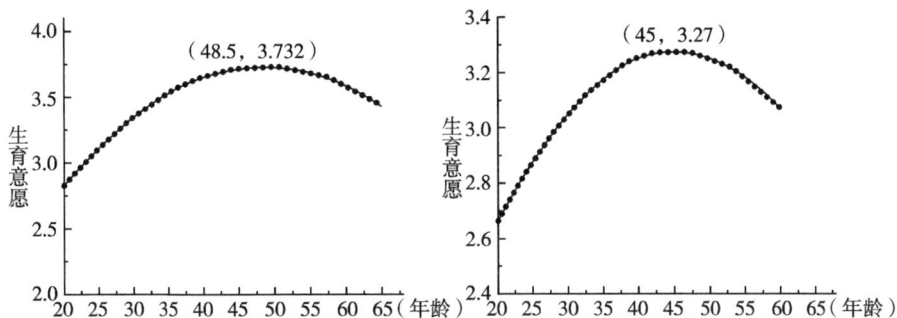

图 8-2　模型（2）、模型（3）中生育意愿与年龄的关系

模型（4）报告了全模型，也加入了城市与个体变量的交互项。结果表明，不同城市的经济福利对生育意愿的影响效应是显著正向的，经济福利每增加 1 个单位，生育意愿提高 1.47%；社会福利对生育意愿的影响效应是显著负向的，即每当社会福利增加 1 个单位，生育意愿降低 0.12%；环境福利对生育意愿有着较高的正向作用，但不显著。从个体层面来看，给定其他变量时，年龄与生育意愿呈倒"U"形，40~50 岁年龄段的居民更有生育两个孩子及以上的意愿，原因可能在于中年人受到传统多子多福观念的影响较年轻人更大，但从经济福利与年龄的交互项系数显著为负可以看出，随着城市经济福利的增长，年龄对个人生育意愿产生的边际效应为负，即其对生育的影响是越来越弱的。可能的原因在于，随着经济的发展，科技水平不断提升，生殖技术层出不穷并不断宣扬，个体可以在愿意生育的青壮年时期选择生育，也可以推迟生育。在 1% 的水平上显著，给定其他变量，拥有非农业户口的居民更愿意生育"两孩及以上"而并非独生子女，其"两孩及以上"生育意愿高于独生子女生育意愿的 1.44%，从城市福利与户籍的交互项可以看出，随着城市经济、社会福利的提升，拥有城镇户口对个人的生育意愿的影响效应越来越弱，因为随着户籍本身隐含的各项福利的削弱，城市内部个体市民与农民的鸿沟逐渐瓦解，同为市民；环境福利的提升却会对拥有城镇户籍人口的居民产生正向的生育影响效应。在 1% 的水平上显著，给定其他变量，在职工作的个体更倾向生育独生子女而非两个孩子或以上，可能的原因在于，工作时

间挤压了闲暇，对孩子的照料时间不够充足，根据就业状况与城市福利的交互项，随着经济福利的提升，在职工作对个人生育意愿的影响效应越来越强，但随着社会福利的提升，在职工作对个人生育意愿的影响效应越来越弱，可能的原因在于，当经济状况提升后，幼儿托育、照料等负担减轻，有生育意愿的个体更愿意生育第二个孩子；社会福利提升后个体更注重自身的精神追求，通过工作实现人生价值。从个体层面来看，受教育程度越高的个体更倾向生育独生子女；幸福感最高的个体愿意生育两孩次及以上；认为"男性受社会压力更大"的个体，相较"女性受社会压力更大"的居民更不愿意生育两个孩子或更多孩子。

（二）分男女样本进行检验

由表 8-5 的结果可以得出，生育意愿与年龄的关系呈倒"U"形，且经计算后得出样本平均年龄在 45 岁时，生育意愿达到顶峰为 3.27。因为样本中男女年龄段不统一且样本量不一致，进而分样本进行回归，结果如表 8-6 所示。

表 8-6　分性别的 HLM 检验

生育意愿	模型(5)	模型(6)
	女性	男性
固定效应		
截距项	3.731***	6.036***
	(1.262)	(1.513)
经济福利	1.513***	1.398**
	(0.438)	(0.584)
社会福利	-0.134***	-0.110*
	(0.043)	(0.060)
环境福利	13.931	7.722
	(14.261)	(20.365)
年龄	0.357**	0.260***
	(0.152)	(0.098)
年龄的平方	-0.004*	-0.003**
	(0.003)	(0.001)
户籍	0.794	1.740***
	(0.717)	(0.616)

续表

生育意愿	模型(5)	模型(6)
	女性	男性
工作状况	−0.964*	−1.638***
	(0.501)	(0.616)
教育程度(高中)	−0.357*	−0.069
	(0.200)	(0.160)
教育程度(大专及以上)	−0.935***	−0.361*
	(0.207)	(0.189)
幸福感(一般)	0.237	0.688*
	(0.546)	(0.374)
幸福感(高)	0.421	0.776**
	(0.548)	(0.374)
认为女性社会压力更大	0.284	0.360
	(0.211)	(0.297)
认为男性社会压力更大	0.139	0.203*
	(0.189)	(0.123)
健康状况(比较健康)	−0.217	0.176
	(0.204)	(0.152)
健康状况(很健康)	−0.056	0.112
	(0.230)	(0.170)
层-1层-2交互项		
年龄×经济福利	−0.246*	−0.260**
	(0.129)	(0.115)
年龄平方×经济福利	0.003	0.003
	(0.003)	(0.002)
户籍×经济福利	−0.001	−0.001***
	(0.001)	(0.000)
户籍×社会福利	−0.607	−1.615**
	(0.799)	(0.630)
户籍×环境福利	0.001	0.001***
	(0.000)	(0.000)
工作状况×经济福利	1.631***	1.864***
	(0.516)	(0.587)
工作状况×社会福利	−0.001***	−0.001***
	(0.000)	(0.000)
Wald chi2	85.880	59.660

生育意愿	模型（5）	模型（6）
	女性	男性
p 值	0.000	0.000
随机效应		
截距项	-1.026***	-0.353*
	(0.392)	(0.186)
chi2(2)	3.010	59.080
p 值	0.041	0.000
N	1028	1677

注：*、**、***分别表示在10%、5%、1%的水平上显著。括号内为 t 值。

经过样本分性别后的检验，生育意愿与年龄的关系依然呈倒"U"形，且经过计算，女性在 39.81 岁时生育意愿达到顶峰，男性则在 50.58 岁时生育意愿最高，在此之前及之后的生育意愿逐渐降低，其他解释变量结果仍与上文保持一致。

（三）稳健性检验

为验证上述回归的稳健性，根据周京奎等（2019）及程煜等（2021）的研究以增加控制变量的方式再次回归，并对数据进行缩尾处理，消除极端值来进行检验，回归结果如表8-7所示。

表8-7　稳健性检验

生育意愿	模型（7）	模型（8）
	HLM	HLM
固定效应		
截距项	5.821***	5.850***
	(1.221)	(1.218)
经济福利	1.661***	0.301***
	(0.481)	(0.078)
社会福利	-0.138***	-0.003***
	(0.050)	(0.001)

续表

生育意愿	模型(7)	模型(8)
	HLM	HLM
环境福利	−5.836	−0.006
	(19.005)	(0.113)
年龄	0.298***	1.395***
	(0.078)	(0.462)
年龄平方	−0.003***	−1.030**
	(0.001)	(0.436)
性别	−0.010	0.839**
	(0.113)	(0.381)
户籍	1.423***	1.545***
	(0.462)	(0.472)
工作状况	−1.027**	−0.566***
	(0.437)	(0.141)
教育程度(高中)	−0.188	−0.222*
	(0.126)	(0.122)
教育程度(大专及以上)	−0.562***	−0.660***
	(0.140)	(0.136)
幸福感(一般)	0.576*	0.478
	(0.323)	(0.305)
幸福感(高)	0.681**	0.616**
	(0.323)	(0.305)
认为女性社会压力更大	0.254	0.139
	(0.170)	(0.139)
认为男性社会压力更大	0.155	1.662***
	(0.104)	(0.479)
健康状况(比较健康)	0.086	−0.137***
	(0.123)	(0.050)
健康状况(很健康)	0.136	−5.507
	(0.139)	(18.937)
所在城市环境一般		0.148
		(0.184)
所在城市环境严重		0.218
		(0.174)
层-1层-2交互项		
年龄×经济福利	−0.277***	−0.280***
	(0.094)	(0.094)

续表

生育意愿	模型(7) HLM	模型(8) HLM
年龄平方×经济福利	0.003 ** (0.001)	0.003 ** (0.001)
户籍×经济福利	−0.001 *** (0.000)	−0.001 *** (0.000)
户籍×社会福利	−1.263 ** (0.494)	−1.236 ** (0.494)
户籍×环境福利	0.001 *** (0.000)	0.001 *** (0.000)
工作状况×经济福利	1.403 *** (0.456)	1.407 *** (0.456)
工作状况×社会福利	−0.001 *** (0.000)	−0.001 *** (0.000)
Wald chi2	102.130	103.800
p 值	0.000	0.000
随机效应		
截距项	−0.554 *** (0.184)	−0.559 *** (0.185)
chi2(2)	60.730	59.730
p 值	0.000	0.000
N	2705	2705

注：*、**、***分别表示在10%、5%、1%的水平上显著。括号内为 t 值。

  模型(7)为剔除宏观数据异常值后再次进行回归，结果表明在1%的水平下各城市经济福利提高时会改善城市内个人的生育意愿。社会福利在1%显著水平下为负，意味着在当前社会福利水平的基础上提高生活福利水平，不会带来生育意愿的提升。模型(8)为增添 CFPS 数据库中环境保护的问答："您认为环境问题在我国有多严重（0 代表不严重，10 代表非常严重）?"经回归检验后核心解释变量符号仍与初始回归模型一致，且所有模型中其余控制变量的回归结果也与初步检验结果基本一致，表明回归结果具有稳健性。

三、主要结论

本书基于 CFPS 长江经济带 30 个地级市 2705 个微观样本数据及各市相对应的宏观数据，首先对各市的城市福利进行测度，继而分层级对生育意愿与城市福利进行实证分析，得到如下主要结论：第一，不同城市的经济福利对生育意愿的影响效应都是显著正向的，经济福利每增加 1 个单位，生育意愿提高 1.47%。社会福利对生育意愿的影响效应是显著负向的，即每当社会福利增加 1 个单位，生育意愿降低 0.12%。环境福利对生育意愿有着较高的正向作用，但不显著。第二，从个体层面来说，年龄与生育意愿呈倒"U"形关系，40~50 岁年龄段的居民更有生育两个孩子及以上的意愿，但从经济福利与年龄的交互项系数显著为负可以看出，随着城市经济福利的增长，年龄对个人生育意愿产生的边际效应为负，即其对生育的影响是越来越弱的。随着经济的发展，科技水平不断提升，生殖技术层出不穷并不断宣扬，个体可以在愿意生育的青壮年时期选择生育，也可以推迟生育可能为此现象出现的原因之一。拥有非农业户口的居民更愿意生育"两孩及以上"而并非独生子女；在职工作的个体更倾向生育独生子女而非两个孩子或以上，可能原因在于工作时间挤压了闲暇，对孩子的照料时间不够充足；受教育程度越高的个体更倾向生育独生子女；幸福感最高的个体愿意生育两孩次及以上；认为"男性较女性受社会压力更大"的个体，更不愿意生育两个或更多孩子。第三，从城市福利与户籍的交互项可以看出，随着城市经济、社会福利的提升，拥有城镇户口对个人的生育意愿的影响效应越来越弱，因为随着户籍本身隐含的各项福利的削弱，城市内部个体市民与农民的鸿沟逐渐瓦解，同为市民；环境福利的提升却会对拥有城镇户籍人口的居民产生正向的生育影响效应。根据就业状况与城市福利的交互项，随着经济福利的提升，在职工作对个人生育意愿的影响效应越来越强，但随着社会福利的提升，在职工作对个人生育意愿的影响效应越来越弱，可能的原因在于，当经济状况提升后，幼儿托育、照料等负担减轻，有生育意愿的个体更愿意生育第二个孩子；社会福利提升后个体更注重自身的精神追求，通过工作实现人生价值。

基于以上结论，为加快落实三孩政策，增强长江经济带居民生育意愿，本书提出以下建议。

(1)加大城市福利均等化供给。当前，应坚持以发展为第一要务，抓住国家长江经济带建设机遇，保持经济平稳高质量发展，为城市福利的提升奠定物质基础。注重城市福利均等化供给，因为无论哪个城市，城市福利不均等都会对生育率造成负面影响。应加快制定出台与三孩政策相配套的城市社会福利政策，尤其要注重探索实施政府直接对弱势生育家庭的财政补贴制度、对劳动力市场主体使用女工的优惠奖励政策、对社会化托育机构的资助扶持制度，完善已有的育儿假制度，如全面增加男女双方育儿假、陪护假并监督落实到位，以加快形成生育支持政策体系，逐渐消除生育顾虑，从而促进生育意愿提升。

(2)提升城市环境福利水平。沿长江经济带城市应坚决落实习近平总书记关于长江流域"共抓大保护，不搞大开发"的指示精神，走出一条生态优先、绿色文明发展的创新路径，有效增加优质环境福利供给，促进居民生育意愿提升。

(3)着力引导社会生育观念转变。经济社会福利对生育意愿的影响往往是短期的，而人们生育观和家庭观念的改变是长期的也是根本的。有很多低生育国家投入了大量财力对生育进行补贴，但收效甚微，究其根本，是年轻人对生育和子女的看法发生了根本性的改变，物质层面的刺激无法有效转变其态度。针对幸福感高及企业数量多的城市居民生育率偏低的现状，应把工作重点放在他们生育观念的转变上，在全社会倡导"多子多福""给孩子找个伴"的生育理念，通过媒体、公众等多种渠道对高生育意愿家庭予以鼓励和宣传，转变人们对多子女家庭的负面印象。充分发挥育龄人群中党员干部的先锋模范作用，带头执行国家政策，响应国家生育号召，以引领全社会生育意愿的提升，从而缓解当前严峻的人口形势。

(4)促进中西部地区协调发展。每个城市的比较优势与发展模式不尽相同，在经济、社会、环境等方面的城市福利供给水平上存在差距，长江经济带下游城市经济实力强劲，应在此基础上进一步加快福利均等化的实现，提高城市内居民的生育意愿，对于长江经济带上、中游区域，相较下游而言生态环境较优，要扬长避短，在保护好"绿水青山"的前提下，利用好西部大开发战略及沿海发达地区对口帮扶西部政策，提升经济总量以有效增加城市福利供给，进而促进群众生育意愿的提升。

本章小结

城市福利作为城市化的典型产物，是城市可持续发展的重要保障，主要分为经济福利、社会福利和环境福利三个方面。在经济福利中，一方面通过收入效应提升可支配收入，提升城市身份认同感，释放生育意愿；另一方面通过替代效应扩大生育带来的机会成本，抑制生育意愿。在社会福利中，一方面通过转移效应完善育儿机构，降低育儿成本；另一方面通过拥挤效应降低人均公共服务，对生育产生消极影响。在环境福利中，环境治理和环境污染会对生育产生相反作用。通过对城市福利的实证研究发现，不同城市的经济福利对生育意愿的影响效应是显著正向的。社会福利对生育意愿的影响效应是显著负向的，环境福利对生育意愿有着较高的正向作用，但不显著。从个体层面来说，年龄与生育意愿呈倒"U"形关系。此外，从城市福利与户籍的交互项可以看出，随着城市经济、社会福利的提升，拥有城镇户口对个人的生育意愿的影响效应越来越弱。据此，提出加大城市福利均等化供给、提升城市环境福利水平、着力引导社会生育观念转变与促进中西部协调发展四条政策建议。

第九章　城镇化转型发展背景下
提高生育率的对策建议

第一节　主要结论与启示

一、生育率与城镇化水平之间呈"U"形关系

本书采用灯光数据测算城镇化水平，从全国与典型地区两个层面呈现了中国城镇化的时空分异特征。构建空间计量模型，探究城镇化对生育率的空间溢出效应，考察影响生育水平的因素。验证了生育水平与城镇化水平之间呈"U"形结论的假说。即在城镇化水平较低的情况下，推进经济发展而忽视医疗、房价、教育等系列社会问题，使生育率出现逐年降低趋势，但随着国家经济转型发展，城镇化发展重心也转至以人为本的高质量发展，更加关注民生福祉，从而使生育水平提高。城镇化对生育率的空间溢出效应，城镇化推进带来的系列问题中收入、教育、房价、社保均有显著的直接、间接及总效应，并且空间外溢间接效应均优于对本地区的直接影响效应。居民人均可支配收入、教育、城镇养老保险水平对生育水平有显著的负向作用。商品房销售价格对生育水平有显著的正向作用。

二、城镇居民相较农村居民具有更低的生育意愿，且城镇居民生育多胎的意愿呈递减趋势

根据分组回归发现，户籍城镇化对中高育龄群体、低收入群体及东部地区的整体影响较为显著。户籍转变对于低育龄、中等收入及中西部地区的群体产生了明显的促进作用，表明户籍城镇化对以上筛选的样本而言，生育一胎为最佳的选择偏好。换句话说，户籍城镇化能够在一定程度上促进低育龄、中等收入及中西部地区群体的生育水平。在就地城镇化和异地城镇化对居民生育意愿的影响路径差异性分析中，高育龄对子女的渴望在异地城镇化模式下更为显著，同时无论就地城镇化或异地城镇化，收入水平越高，对生育意愿均会产生一定的促进作用。社会保障对生育意愿的"挤出效应"在异地城镇化发展模式下更为显著。

三、随着社会养老保障制度的不断完善，对传统子女赡养产生替代，从而对生育子女产生挤出效应，导致生育率下降

在中低生育率水平下，教育保障增加，能够促进生育率的提高。可能的原因在于当前子女抚养教育成本较以往大幅增加，而提高公共教育投入能够降低生育净成本，从而提高社会生育水平。在不同生育率水平下，医疗保障与群众生育意愿呈现正向关系，医疗保障对生育率存在促进作用，表明医疗保障制度的完善有助于提高生育率。医疗设施、环境等方面的落后，是造成低生育率的原因之一。加大医疗财政投入力度，改善地方医疗环境，医疗水平的提升与卫生环境改善，能够在很大程度上降低生育死亡风险和新生儿死亡率。对于住房保障来说，考虑到人口流动的因素，东部地区产业众多且较为发达，人口集聚，在住房保障方面加大支持力度，建立有利于生育的住房保障制度，加大多子女家庭保障性住房供给，会对生育意愿产生积极影响，并推动生育友好型社会的建设。不同地区的住房保障实证结果也同样说明了地域的异质性。就业与生活综合保障在三个地区均

呈现正向作用，需要说明的是，西部地区的基础设施建设对生育率影响显著。在地区收入方面，东部地区表现出了对生育率的抑制作用，而在中西地区表现出促进作用。原因可能在于不同地区对生活品质要求和子女抚育观念方面的差异，生育行为所带来的养老保障和人力资本积累效应大于生育的机会成本。

女性受教育程度均呈现对生育意愿的抑制作用，西部地区的作用效果不显著。住房保障的提高对生育意愿存在正向促进作用。其原因在于，无论是在低生育率还是在高生育率地区，当人们处于生育年龄阶段时，人们就会考虑购房问题，较高的房价给普通民众带来巨大生活压力，高房价对生育决策产生抑制，生育行为提高了家庭的生活成本，而高房价地区往往意味着更高生活水平，其政策启示在于，要从增加保障性住房和缓解住房压力角度，为人口可持续发展、生育率的提高奠定基础。就业保障，各个分位点上的回归系数为正且均显著，表明在各生育率水平下，保障就业对改善低生育率均存在正向影响。一般而言，生育会影响到女性在劳动力市场中时间和精力的投入，同时造成人力资本无法正常积累，女性生育不仅为企业增加生育费用、津贴支出，还可能产生因生育期间缺岗、重新安排人员的多种损失。保护女性合法权益与生育后就业机会保障，降低因生育导致的就业中断风险，对于提高生育率具有重要作用。在生活综合保障方面，各个分位点上的回归系数为正且均显著，表明在各生育率水平下，生活综合保障对改善低生育率均存在正向影响。增加基础公共服务建设投入，在当前我国生育率低于合理水平的情况下尤为重要。

四、生育意愿与城市福利间存在倒"S"形特征

当前城市福利对生育意愿的改善作用相对较低时，随着经济发展水平的提高将逐渐释放人们的生育意愿缺口，当经济水平足够高时左右生育意愿的因素便取决于个人对子女的偏好。

城市福利作为城市化的典型产物，既是城市可持续发展的重要保障，也反映

了一个城市对人们物质和文化需求的满足水平。然而，现有文献从城市福利的视角研究生育意愿问题还较为鲜见。从理论上看，城市福利对生育意愿的影响是存在的，儿童养育(生育保险、儿童医疗、学前教育)、儿童照顾，女性生育、就业权益的保障都离不开政府部门的福利措施，生育活动与城市经济、社会、环境福利具有密切的内在联系。本书基于2018年中国家庭追踪调查数据(CFPS)，结合城市福利宏观数据采用HLM分层线性模型，研究长江经济带30个城市其城市福利对生育意愿的影响。研究表明，城市福利对个体生育意愿有着显著促进作用。就个体层面而言，年龄与生育意愿呈倒"U"形关系，拥有非农业户口、幸福感最高的个体更愿意生育"两孩及以上"，在职、受教育程度更高的个体倾向独生子女的孕育。根据跨层交互项系数，随着城市经济福利的增长，年龄、城镇户口的拥有对个体生育意愿的影响效应逐渐减弱，在职工作对个人生育意愿的影响效应有所增强。随着社会福利的提升，在职工作、拥有城镇户口对个人生育意愿的影响效应呈弱化趋势；随着城市环境福利的提升可以增强城镇户口的居民对生育意愿的影响，即环境福利产生的边际效应为正。

五、流动人口公共服务参与对生育意愿表现出积极影响

2014年流动女性公共服务参与对生育意愿的促进作用并不显著，公共服务中的社会保障显著抑制了生育意愿。随着基本公共服务均等化政策的推行、生育政策的放开和流动人口公共服务参与提高，2018年剔除社会保障，带有补贴效应的公共服务参与显著促进了生育意愿。公共服务参与均值以上对生育意愿具有显著的促进作用，均值以下不显著，提高公共服务参与水平会提高生育意愿。因此，提高带有补贴效应的公共服务的参与水平会抑制社会保障和生育成本对生育意愿的影响。在不同城市规模下，流动女性公共服务参与对生育意愿的影响不同。在超大城市规模下，流动女性公共服务参与显著地促进了生育意愿，特大城市和大城市不显著。进一步研究发现，超大城市均值以上的公共服务参与显著促

进生育意愿，均值以下不显著。提高超大城市的流动女性公共服务参与水平能提高生育意愿。曾生子女数抑制了流动女性的生育意愿，但对于已有子女数不同表现出不同的结果。已有0孩和1孩的流动女性公共服务参与对生育意愿具有显著促进作用，已有2孩则不显著。进一步分析发现已有1孩流动女性公共服务参与均值以上显著促进生育意愿，均值以下不显著。提高已有1孩的公共服务参与能提高二孩生育意愿。

六、制造业集聚带来规模经济效益促进了区域的收入增长和生活成本的降低，生育率水平取决于收入增长带来的收入效应和生活成本带来的替代效应的叠加作用

本书通过构建家庭效用模型，从理论上解释了在生活成本对生育率的替代作用影响下，区域的产业集聚、运输成本越低，生育率水平越低。制造业集聚减弱运输成本和生育率的同向变化关系，当制造业集聚达到一定水平后，运输成本和生育率的同向变化关系会转变为反向，结合理论分析得出，在我国制造业集聚程度高的地区，由于高收入带来的收入效应大于生活成本的替代效应，运输成本和生育率变成反向关系，即运输成本越低生育率越高。收入效应在不同的制造业集聚阶段对运输成本和生育率关系产生的影响也不同，在制造业集聚程度低的阶段，收入效应会促进运输成本和生育率的同向关系，在制造业集聚程度高的阶段，收入效应则会抑制运输成本和生育率的反向关系。在区域分组研究中，各区域内部生活成本和生育的替代关系明显，运输成本和生育率都具有显著的同向变化关系。此外，本书在说明生活成本对生育的替代作用路径时，引入消费心理来描述现代社会消费心理和生活节奏促使人们倾向通过短暂消费尽快获得效用满足现象，这一心理与生育行为带来的效用满足的滞后性相矛盾，不利于社会生育水平的提高。

第二节　提高我国生育率的行动策略

一、宏观层面：重视政策法律的战略引导

1. 转变政策引领思路，构建生育成本社会化分担机制

一是建立全民覆盖的生育保障体系，促进政府生育成本分担责任的回归。生育权是一项基本人权，政府对其的保障应普及全民。目前，我国生育保险的覆盖范围还比较有限，大多数的非标准就业形式的女性、农民工女性等都未能纳入保障中，这与国际劳工组织《保护生育公约》倡导的"保护劳动力中所有妇女平等享有母子健康与安全"要求还有一定差距，这就需要政府承担起这部分人群生育保障的责任，以完善制度的均衡性。此外，政府应加强对企业生育保险的缴费监督，对企业的违法违规行为进行处罚，保障生育保险金按期支付给符合报销条件的女职工。

二是减轻用人单位生育成本，探索社会化生育津贴的分担机制。据不完全统计，世界上有130多个国家进行了生育保险立法，其中大多数将生育保险作为疾病保险制度的一部分（吕学静，2010）。实际上，已有学者通过对制度的精算分析，提出"将生育医疗费用纳入基本医疗保险制度，同时建立生育津贴制度，并将覆盖范围由工薪劳动者扩展到全体国民"的新生育保障体系设想（何文炯等，2014）。近期保险和职工基本医疗保险合并实施试点方案的不断推进，我国应针转换政策思路，将减轻企业生育成本纳入生育保险改革的考量范畴，探索全民分担的生育津贴来源机制，帮助减轻企业负担，也有助于缓解用人单位对女性的性别歧视。

2. 推进性别歧视立法，发挥法律先行的基础作用

加快研究可操作的反就业性别歧视立法。我国尚未有一部专门反就业性别歧视的法案，应该借鉴国际经验，积极开展反就业歧视立法研究，制定具体、可操作的法案。针对"隐性歧视"举证难等问题，可以借鉴美国关于保障女性平等就业权的相关制度，根据不同的歧视类别分别建立"差别对待原则"与"差别影响原则"，确立"真实职业资格"判断标准，并对雇用的每个环节做出评价，从招聘广告到雇用过程到职业中再到后来的晋升、培训和福利待遇等，都纳入歧视的检验中，对每个环节雇主可以做什么和不可以做什么都做出具体规定。在举证过程中可采取"立案举证责任倒置原则"实施，以更好地保护妇女权益，并对违法用人单位实施严惩。同时，针对我国现行法律对性别歧视的界定比较笼统、操作困难的情况要细化法律规定，具体化"不适合妇女的工种或者岗位"的各项规定，增设惩罚性赔偿、集团公益诉讼、就业性别歧视举证责任倒置强制证人作证义务和防止报复的规定等。

二、中观层面：构建友好的工作家庭支持

1. 关注0~3岁儿童照料，支持和引导社会托育服务体系的发展

重视社会力量开展0~3岁儿童托育服务。针对学龄前，尤其是0~3岁儿童对女性劳动力市场惩罚效应的显著性，要重视0~3岁前幼儿托育建设。解决0~3岁托幼问题可考虑如下综合措施：将0~3岁托幼问题放到长远发展的战略高度，尽快开展深入调研，出台解决办法，有关政府部门要实现分工合作，明确部门职责，如由市政府牵头，教育、卫生计生、消防、公安、工会等有关部门、群团组织共同参与，形成解决0~3岁托幼问题的领导体系、组织机构，明确各部门职责，出台发展托幼机构的综合性政策，明确现阶段托幼机构建设和管理标准；鼓励和支持企业参与解决0~3岁托幼问题，研究出台鼓励企业自办或者合办托幼机构的意见，鼓励有条件的企业提供场地、资金等，自办或者合办托幼机

构；通过购买服务、减免税收等优惠措施，为社会力量参与0~3岁托幼服务提供各种便利。此外，要重点在居住社区加大对婴幼儿的集中看护和教育功能方面的投入力度，探索建设以社区为依托的0~3岁儿童看护服务网络，借鉴日本在社区开展"短时看护"服务的做法，请有育儿经验的人士担任"保育妈妈"，在婴幼儿父母或看护者外出时代为照料，还可以鼓励社会力量参与社区看护服务。

2. 提供相对宽松的工作环境，帮助缓解女职工的工作——家庭冲突

工作与家庭冲突的根源在于人的资源和精力是有限的，如何将有限的资源和精力分配到工作与家庭当中，就成为职业女性的一大难题。对于用人单位，承担生育的社会责任、促进女性人力资源作用有效发挥的关键是提供她们所需的工作灵活性和对家庭的支持。在互联网快速发展、服务业快速聚集的背景下，用人单位可以尝试提供相对宽松的工作环境，转变管理方式，对职业女性采取人性化和宽松的管理方式，帮助女性缓解工作——家庭冲突。例如，用人单位要适当考虑女职工照顾婴幼儿的特殊需求，允许她们选取弹性时间安排、弹性工作地点、兼职工作、灵活安排上下班时间、灵活安排工作任务等，通过衡量产出而不是在公司的时间来评估女性员工的工作水平，为女职工照顾家庭提供时间保障，进而缓减女性员工的工作——家庭冲突、促进工作与生活的平衡。

三、微观层面：树立正确的工作和家庭观念

1. 理性对待职场和生育行为

人生中总有很多不确定因素，社会、经济、婚姻等风险随时都有可能降临。女性自身要保持积极心态，努力提高自身的素质和能力，精神上独立自信，经济上自立自强，处理好性别角色和社会角色的矛盾，实现人生的社会价值。在女性生命周期中，由于生育期最佳时期和职业发展黄金期重合，这就需要女性根据自身实际情况，合理进行角色定位，尽早规划好自身的职业发展，尽量错开最佳生育期和事业高峰期。此外，在做出生育或者职场的选择时，要问清楚自己想要什

么，学会智慧地对待人生，辩证地看待取舍得失；学会充分利用社会和家庭资源来维持工作与家庭的平衡，妥善处理工作与家庭、事业与孩子的时间安排，慎重对待退出工作岗位回归家庭的现象，谨慎对待辞职做全职太太的抉择，理性决策生育行为和理智地安排职场进退。

2. 女性应保持自我的精神独立

社会经济的发展和家庭生活水平的提高，为女性提供了工作方式和工作决策的多种选择。全面放开二孩，赋予了她们再次生育的选择权，也给厌倦了职场压力的女性一个回归家庭的充足理由。对选择回归家庭的女性来说，切忌在思想上过于依赖男性，要坚持思想独立、精神独立，才能在社会和家庭中拥有平等的地位；对兼顾事业和家庭的女性来说，要尽量秉持夫妻平等的性别观念，在不同的职业阶段均能与自己的丈夫建立平等、合理、合作的性别关系，即使在生育和抚养孩子的职业休眠期，也要不断增强自身工作技能，提高自身的市场竞争能力。总之，无论选择哪种方式，女性都应该时刻保持精神层面的人格独立，有自己独立的思想、有自己的兴趣、有自己独立的时间和空间施展自己的理想和才华。

第三节　以城镇化高质量发展为抓手提高生育率的对策建议

一、进一步推进户籍制度改革，保障农业转移人口的公共福利，增强人民幸福感，为提高整体生育意愿提供基本政策保障

要提高城镇居民的生育意愿，就必须降低落户门槛，通过提供经济适用房、公共服务均等化、完善医疗保险等服务，消除或降低隐形户籍墙，从而降低人们

的生育成本，以提高生育意愿。此外，还应注重提高科学技术和改善管理模式，缓解城市病有助于提高人们的生育意愿。户籍城镇化对不同群体表现出的影响效果不同，低育龄、中等收入及中西部地区将是城镇化进程中的生育主力军，其政策启示在于：应当针对年轻育龄群体，出台相关配套政策，如减少购房者房贷利息以及改进完善房产税等相关政策，为年轻人解决生育过程中所顾虑的"买房难""住房难"等问题，为年轻人创造更为弹性的办公条件，如采用远程办公的方式，同时给予更多的陪产假，这一过程中需要工作单位政策与国家政策进行同步有效衔接。合理调节收入分配，如在提高居民收入的同时增加生育补贴等福利，这有利于提高社会整体生活质量从而直接提升人民的生育意愿。中西部地区相较东部地区表现出更为显著的生育意愿，因此，根据中西部地区城镇化发展和人口形势现状，以提高户籍城镇化水平、保障城镇化发展质量为重点任务，加快发展县域经济，促进要素流动，对于改善人口结构、提高生育水平具有重要现实意义。

2022年5月，中共中央办公厅、国务院办公厅印发了《关于推进以县城为重要载体的城镇化建设的意见》，明确指出以县城为城镇化的重要载体，也就是说，就地城镇化将成为未来城镇化发展的主战场。基于此，相关政策要针对资源禀赋较好、外出务工较多的乡县地区，鼓励其依托就近中小城市群一体化发展，实现产业和人口集聚，提高人们收入水平，缓解地区人口结构矛盾，同时有效消除异地城镇化下社会保障对于生育意愿造成的"挤出效应"，是提高整体生育意愿的可行之策。低生育率，既是一个生育问题，也是社会的其他问题、政策制度问题的表征。

从国家层面来讲，政府支持生育，一方面要增加儿童护理的支持，尤其是托儿所的建设，特别是为0~3岁的幼儿建立的托育机构；另一方面要增加老年护理领域的投入资金，分担年轻人的养老负担，加快建立积极生育支持政策体系。显然政策的落地依然是一个系统工程，如保障托育需要从培训到资质再到父母的育儿理念的整体性改变，而住房优惠政策关口也需要进行前移，不能只对二孩或者三孩的家庭予以优惠政策，往往那些还未生育的家庭才是真正有需要的家庭。推动实现适度生育水平、促进人口长期均衡发展，是国之大计，因此仍需要开展大量的深入研究，为摆脱低生育率陷阱提供决策依据。

二、加快推进以人为核心的高质量城镇化建设，有助于提高城镇化率

目前我国城镇化建设已进入快速发展中后期，对于生育的影响正处于"U"形的上升阶段，要抓住这一历史机遇期，出台政策推进城镇化向以人为本的高质量发展，以此促进人口的均衡发展。要把坚持以人民为中心作为新型城镇化的根本宗旨，改变"重物轻人"的传统思维，把市民作为城市建设、发展的主体。合理配置城乡要素，均等化发展城乡基本公共服务，完善全民社保体系。要统筹推进户籍制度改革及各领域配套改革，逐步提高非户籍常住人口基本公共服务水平，不断满足他们日益多元化的需求。统筹推进区域间协调发展。空间溢出效应的根本在于区域间发展的不平衡，实现区域均衡发展可有效缓解外溢效应的发生。既要加快推进西部开发、中部崛起和东北老工业基地振兴步伐，宏观层面统筹推进区域间经济社会协调发展，加快实现共同富裕步伐；又要在城镇化建设方面，分类推动城市群发展，培育发展多层级现代化都市圈，促进大中小城市和小城镇协调发展，提升大中城市功能品质，推进县城城镇化补短板强弱项，积极支持小城镇发展，逐步缩小地区之间的差距，用均衡发展的成果减少空间溢出效应的发生。加快生育配套支持措施的落地落实。居民收入、教育、养老保险等对生育水平有负向作用时，标志着经济社会发展进入一个新的高度，人们对生活质量的高追求而降低生育意愿，此时出台生育激励及配套支持措施才能有效应对低生育率带来的系列问题。我国已出台了三孩政策，一些配套支持政策也在相继出台，建议在城镇化发展建设过程中要不断完善医疗、社保、养育托管、生育假、住房、税收等支持生育政策，及时化解各类矛盾问题，以促进经济社会可持续发展。

三、逐步取消农业户籍制度，破除城乡公共服务壁垒

中国流动人口大部分来自农业户籍，农业户籍流动人口公共服务获取相较于非农户籍流动人口更加困难。在 2014 年，国务院颁发了《关于进一步推进户籍制度改革的意见》，推动户籍制度改革，并说明持有居住证的流动人口的子女，可以逐步参加异地高考政策，但并没有全面取消农业户籍制度，只是放松户口迁移制度，引导农业户籍人口向城市转移，而超大城市的户籍迁移仍然很困难。虽然这项政策改善了流动人口公共服务获取的困境，但户籍制度仍限制了流动人口公共服务参与度的提高，在一定程度上存在公共服务的精英俘获现象。完善公共服务体系，有助于缓解生育压力。流动人口参与公共服务种类较少，往往限于基本养老保险、社会医疗和健康教育，但是养老保险无法缓解生育压力，社会医疗和健康教育所起的作用也相对有限。

构建科学和完善的公共服务体系，一方面改善收入分配格局，提高流动人口收入水平，实现社会公平；另一方面满足流动人口的社会保障需求，提升居民幸福感，缓解生育压力，提高流动人口生育意愿。公共服务旨在为所有居民提供基本的保障，完善公共服务体系建设对提高我国流动人口生育意愿具有重要现实意义。大力推进公共服务建设，细化公共服务方式。由实证结果可知，流动女性公共服务参与水平较高促进生育意愿。因此，就如何提高流动人口公共服务参与水平，本书建议：首先，大力推进公共服务建设，"十四五"规划明确提出"到2025 年基本公共服务均等化水平明显提高，到 2035 年基本公共服务实现均等化"，保障流动人口公共服务获取的公平性，维护流动人口的利益。其次，纳入性别视角，制定女性的差异化福利政策，鼓励生育。鉴于女性生育后孩子照料、职场歧视、身体伤害对流动女性生育意愿的影响，应制定一系列配套服务政策，优化女性生育环境。最后，社区作为国家治理的重要抓手，应更加主动地关注外地人口的公共服务参与，提升外地人口的社会融入感，并有效推动公共服务均等

化建设落到实处，从而提高生育意愿。

四、转变经济发展方式，生活节奏的放缓，对提高生育水平具有重要作用

完善交通设施，提高区域制造业水平，尤其是西部和东北地区制造业水平的提高，有助于促进区域实现高收入、低生活成本、高收入效应的转变。房价是影响人们收入成本比的重要因素，尽管在制造业集聚的东部地区实现了高收入，但是高房价带来的收入效应仍然阻碍了区域生育水平的持续增长。加强区域的房价调控，将收入房价比控制在合理范围内对于提高生育率具有显著的积极影响。从消费和生育的替代心理的角度考虑，运输成本的减小与产业集聚尽管降低了人们的生活成本，节约了通勤时间，但不利于社会生育水平的提高。在现代社会中生活成本的降低会促进人们转向其他消费，以获得即时效用的满足。同时，城镇化发展、城市规模的扩大及房价的增长与生育水平提高具有反向影响，进一步说明快速城市化发展带来的城乡差距、农村人口流失及城市无序扩张等问题，都在一定程度上促使人们消费心理从保守向激进转变，抑制了社会生育水平提高。因此，促进社会消费心理的转变，尤其受到疫情影响，构建适合国内大循环有序发展的消费环境，有助于生育水平和经济发展的相互促进。

五、加大城市福利供给，完善公共服务政策配套，打破生育政策实施壁垒

基于长江经济带城市福利与生育意愿间呈倒"S"形关系，且目前处于第一个拐点前阶段的结论。当前，应坚持以发展为第一要务，抓住国家长江经济带建设机遇，保持经济平稳快速增长，为城市福利的提升奠定物质基础。加快制定出台与三孩政策相配套的城市社会福利政策，尤其要注重探索实施政府直接对弱势生育家庭的财政补贴制度、对劳动力市场主体使用女工的优惠奖励政策、对社会化

托育机构的资助扶持制度，完善已有的育儿假制度，如全面增加男女双方育儿假、陪护假并监督落实到位，以加快形成生育支持政策体系，逐渐消除生育顾虑，从而促进生育意愿提升。明确城镇化对生育水平影响的作用机制，防止城镇化进程对生育率的挤出效应，建立配套生育支持措施。在此基础上，不断完善教育资源在各级各类教育间的配置问题、提升医疗保障工作能力及重视孕妇及婴幼儿健康水平、给予生育女性津贴补助及建立公立托育机构等多项公共服务配套服务。东中西部地区人口规模与人口结构不同，经济发展公共服务水平差异也较大，生育政策要因地制宜，保持地方生育计划与政策的连续性和稳定性。

六、引导生育观念转变，经济社会福利对生育意愿的影响往往是短期的，而人们生育观和家庭观念的改变是长期的也是根本的

有很多低生育国家投入了大量财力对生育进行补贴，但收效甚微，究其根本，是年轻人对生育和子女的看法发生了根本性的改变，物质层面的刺激无法有效转变其态度。针对幸福感高及企业数量多的城市居民生育率偏低的现状，应把工作重点放在他们生育观念的转变上，在全社会倡导"多子多福""给孩子找个伴"的生育理念，并通过媒体、公众等多种渠道对高生育意愿家庭予以鼓励和宣传，转变人们对多子女家庭的负面印象。改变个人生育观念，提升居民生活满意程度。随着现代化社会进程的不断推进，人们的生育观念发生改变。首先，鼓励适龄女性生育并提供育儿补助，改变其生育观念。其次，保障育龄女性各项权利。社会竞争激烈，生活压力与日俱增。受过高等教育的女性更愿意参加工作来提高自己的收入及地位。随着女性受教育水平提高，毕业年龄相对较大，因此对于育龄女性所在工作场所可以采用弹性工作制，根据生育时间和孩子年龄来决定工作的时长，从而减少因年龄过大造成人口出生率持续走低现象。此外，开展对计生家庭的上门服务，关注家庭诉求和意见，不断提升家庭生活的满意度，有助于改善育儿体验。

参考文献

［1］曹信邦，童星．儿童养育成本社会化的理论逻辑与实现路径［J］．南京社会科学，2021（10）：75-82．

［2］常保瑞，肖茜丹，程家欣，等．生育年龄限制感对生育意愿的影响：育龄群体父母文化水平的调节作用［J］．应用心理学，2021，27（2）：145-155．

［3］陈海龙，马长发．中国生育政策调整效果的区域异质性研究［J］．统计观察，2020（12）：72-75．

［4］陈欢，张跃华．养老保险对生育意愿的影响研究——基于中国综合社会调查数据（CGSS）的实证分析［J］．保险研究，2019（11）：88-99．

［5］陈建新，王莉君．个人因素对不同阶段生育意愿的影响——基于CGSS2017数据的实证分析［J］．调研世界，2021（6）：58-64．

［6］陈晋，卓莉，史培军．基于DMSP/OLS数据的中国城市化过程研究——反映区域城市化水平的灯光指数的构建［J］．遥感学报，2003，7（3）：168-175．

［7］陈凌等，王河森．华人企业集团家族治理模式演进研究——以印尼哥伦比亚集团为例［J］．东南亚研究，2011（3）：73-78．

［8］陈蓉，顾宝昌．实际生育二孩人群分析——基于上海市的调查［J］．中国人口科学，2020（5）：116-125，128．

［9］陈卫．中国的低生育率与三孩政策——基于第七次全国人口普查数据的分析［J］．人口与经济，2021（5）：25-35．

［10］陈卫，刘金菊．近年来中国出生人数下降及其影响因素［J］．人口研究，2021（3）：57-64．

［11］陈卫民，李晓晴．阶层认同和社会流动预期对生育意愿的影响——兼论低生育率陷阱的形成机制［J］．南开学报（哲学社会科学版），2021（2）：18-30．

［12］陈秀红．影响城市女性二孩生育意愿的社会福利因素之考察［J］．妇女研究论丛，2017（1）：30-39．

［13］陈友华，胡小武．低生育率是中国的福音？——从第六次人口普查数据看中国人

口发展现状与前景 [J]. 南京社会科学, 2011 (8)：53-59.

[14] 陈钟翰, 吴瑞君. 城市较高收入群体生育意愿偏高的现象及其理论解释——基于上海的调查 [J]. 西北人口, 2009, 30 (6)：54-57, 61.

[15] 陈宇, 邓昌荣. 中国妇女生育意愿影响因素分析 [J]. 中国人口文献, 2007 (6)：75-81.

[16] 程刚. 我国城市妇女的生育心理 [J]. 湖北大学学报 (哲学社会科学版), 1993 (5)：13-19.

[17] 程煜, 何益欣, 刘玉萍. 社保降费改革的政策效果评估——基于企业异质性的视角 [J]. 山西财经大学学报, 2021 (8)：1-15.

[18] 蒂利, 塔罗. 抗争政治 [M]. 李义中, 译. 北京：译林出版社, 2010.

[19] 董辉. 中国农民家庭收支变动与生育行为分析 [J]. 人口学刊, 1991 (2)：22-27.

[20] 段成荣, 孙玉晶. 我国流动人口统计口径的历史变动 [J]. 人口研究, 2006 (4)：70-76.

[21] 范欣, 宋冬林, 赵新宇. 基础设施建设打破了国内市场分割吗? [J]. 经济研究, 2017, 52 (2)：20-34.

[22] 方大春, 裴梦迪. 居民二孩生育意愿的影响因素研究——基于 CGSS2015 数据的经验研究 [J]. 调研世界, 2018 (9)：9-13.

[23] 方慧芬, 陈江龙, 袁丰, 等. 中国城市房价对生育率的影响——基于长三角地区41 个城市的计量分析 [J]. 地理研究, 2021, 40 (9)：2426-2441.

[24] 风笑天. 青年个体特征与生育意愿——全国 12 城市 1786 名在职青年的调查分析 [J]. 江苏行政学院学报, 2009 (4)：62-68.

[25] 风笑天, 张青松。二十年城乡居民生育意愿变迁研究 [J]. 市场与人口分析, 2002 (5)：21-31.

[26] 封进, 艾静怡, 刘芳. 退休年龄制度的代际影响——基于子代生育时间选择的研究 [J]. 经济研究, 2020 (9)：106-121.

[27] 高杨, 邹丽. 城市与农村育龄女性二胎生育意愿及生育行为差异研究 [J]. 中国计划生育学杂志, 2020, 28 (4)：475-478, 483.

[28] 高翔, 龙小宁, 杨广亮. 交通基础设施与服务业发展——来自县级高速公路和第二次经济普查企业数据的证据 [J]. 管理世界, 2015 (8)：81-96.

[29] 戈艳霞. 中国的城镇化如何影响生育率? [J]. 人口学刊, 2015 (37)：88-101.

[30] 葛玉好, 张雪梅. 房价对家庭生育决策的影响 [J]. 人口研究, 2019, 43 (1)：52-63.

[31] 顾和军, 周小跃. 女性劳动参与对生育行为的影响 [J]. 阅江学刊, 2018 (3)：

92-100.

[32] 顾蕾. 日本国立大学研究者性别平等保障机制的构建 [J]. 现代大学教育, 2016 (5)：49-54.

[33] 郭志刚. 流动人口对当前生育水平的影响 [J]. 人口研究, 2010, 34 (1)：19-29.

[34] 韩峰, 李玉双. 产业集聚、公共服务供给与城市规模扩张 [J]. 经济研究, 2019, 54 (11)：149-164.

[35] 韩桂芳, 王浩林. 户籍转换促进居民健康吗？——来自 CGSS2015 数据的验证 [J]. 武汉理工大学学报 (社会科学版), 2020, 33 (2)：101-109.

[36] 何林浩, 陈梦. 夫妻博弈与家庭生育率——对我国生育率下降的一个解释 [J]. 世界经济文汇, 2021 (4)：74-88.

[37] 何明帅, 于淼. 家庭人均收入、代际社会流动与生育意愿 [J]. 劳动经济研究, 2017, 5 (5)：117-140.

[38] 何文. 人口规模、交易成本和城乡空间经济——基于新经济地理学城市体系模型的理论研究 [J]. 河北经贸大学学报, 2022, 43 (5)：57-63.

[39] 何文炯, 杨翠迎, 刘晓婷. 优化配置, 加快发展——浙江省机构养老资源配置状况调查分析 [J]. 当代社科视野, 2008 (1)：29-33.

[40] 何兴邦. 城市融入对农民工生育意愿的影响机制 [J]. 华南农业大学学报 (社会科学版), 2020 (3)：47-58.

[41] 何亚福. 中国现在还需要限制生育吗？[J]. 人口与社会, 2015, 31 (2)：33-36.

[42] 侯慧丽. 城市化进程中流入地城市规模对流动人口生育意愿的影响 [J]. 人口与发展, 2017, 23 (5)：42-48.

[43] 侯佳伟, 黄四林, 辛自强, 等. 中国人口生育意愿变迁：1980—2011 [J]. 中国社会科学, 2014 (4)：78-97.

[44] 胡鞍钢, 周绍杰, 鲁钰锋, 等. 重塑中国经济地理：从 1.0 版到 4.0 版 [J]. 经济地理, 2015 (12)：1-10.

[45] 胡荣, 林彬彬. 性别平等观念与女性生育意愿 [J]. 求索, 2020 (4)：142-148.

[46] 胡小武. 广义城市福利的内涵与指标体系研究 [J]. 东岳论丛, 2011 (6)：47-51.

[47] 胡序威. 经济全球化与中国城市化 [J]. 城市规划学刊, 2007 (4)：53-55.

[48] 黄秀女, 徐鹏. 社会保障与流动人口二孩生育意愿——来自基本医疗保险的经验证据 [J]. 中央财经大学学报, 2019 (4)：104-117.

[49] 计迎春, 郑真真. 社会性别和发展视角下的中国低生育率 [J]. 中国社会科学, 2018 (8)：143-161.

[50] 贾志科. 对解放后我国居民生育意愿变化情况的历史考察 [J]. 西北人口, 2009

（1）：57-61.

[51] 姜全保，李晓敏 . 中国婚姻挤压问题研究 [J]. 中国人口科学，2013（5）：60-67.

[52] 姜天英，夏利宇 . 中国妇女生育意愿及影响因素研究——基于 CHNS 数据的计数膨胀模型分析 [J]. 调研世界，2019（1）：11-17.

[53] 蒋建梅，左怡 . 新世纪生育伦理的影像建构——家庭伦理剧与产科医疗剧中的生育主题论析 [J]. 中国电视，2017（12）：52-56.

[54] 康传坤，孙根紧 . 基本养老保险制度对生育意愿的影响 [J]. 财经科学，2018（3）：67-79.

[55] 雷雳，张雷 . 多层线性模型的原理及应用 [J]. 首都师范大学学报（社会科学版），2002（2）：110-114.

[56] 李祥妹，刘亚洲，曹丽萍 . 高速铁路建设对人口流动空间的影响研究 [J]. 中国人口·资源与环境，2014，24（6）：140-147.

[57] 李芬，风笑天 . 照料"第二个"孙子女？——城市老人的照顾意愿及其影响因素研究 [J]. 人口与发展，2016（4）：87-96.

[58] 李峰 . 宗教信仰影响生育意愿吗？基于 CGSS2010 年数据的分析 [J]. 世界宗教研究，2017（3）：18-34.

[59] 李佳 . 我国生育率变动的影响因素分析——基于全国和省级数据的研究 [D]. 济南：山东大学，2016.

[60] 李嘉欣，赵明华，韩荣青，等 . 山东省城市综合承载力时空分异特征及其影响因素研究 [J]. 生态经济，2021，37（8）：85-92.

[61] 李金锴，钟昌标 . 城市集聚对生育意愿的影响——来自 CGSS 微观数据的证据 [J]. 西北人口，2020，41（6）：65-77.

[62] 李路路 . 社会分层与社会流动 [M]. 北京：中国人民大学出版社，2019.

[63] 李明 . 家庭收入对二胎生育意愿影响研究 [D]. 沈阳：辽宁大学，2020.

[64] 李强 . 从社会学角度看"构建社会主义和谐社会"[J]. 社会科学战线，2005（6）：49-65.

[65] 李思成，陶寄，何鸢英，等 ."全面二孩"政策下成都市育龄妇女二孩生育意愿及影响因素研究 [J]. 现代预防医学，2017（20）：3706-3709.

[66] 李晓斌 . 产业升级与城市增长的双向驱动——基于中国数据的理论和实证研究 [J]. 城市规划，2017，41（5）：94-101.

[67] 李晓娥，赵红宽，王萌 . 论城市化对生育观的影响 [J]. 法制与经济，2009（10）：132-134.

[68] 李瑶玥，王桂新 . 再生育意愿的形成机制及影响因素——基于计划行为理论的考察

及流动人口动态监测调查数据的验证 [J]. 河南社会科学, 2021, 29 (10)：75-86.

[69] 李友梅. 从财富分配到风险分配：中国社会结构重组的一种新路径 [J]. 社会, 2008 (6)：1-14.

[70] 李昀东. 流动人口生育意愿的现状及影响因素分析——基于 CGSS2015 数据的实证研究 [J]. 现代交际, 2020 (16)：58-60.

[71] 李铮. 生育意愿的双峰偏好研究 [J]. 人口研究, 2010 (6)：67-77.

[72] 李志华, 茅倬彦. 中国家庭养育成本分担模式对再生育的影响 [J]. 人口学刊, 2022, 44 (3)：19-30.

[73] 李志龙, 陈技伟, 冯帅章. 房价上涨对已婚女性生育率的影响 [J]. 劳动经济研究, 2020, 8 (5)：22-43.

[74] 李子联. 收入与生育：中国生育率变动的解释 [J]. 经济学动态, 2016 (5)：37-48.

[75] 廉威, 苏竣. 公共支出的公众幸福感影响——基于发达国家与非发达国家的实证比较研究 [J]. 经济问题, 2020 (5)：27-33.

[76] 梁土坤. 城市适应：流动人口生育意愿的影响因素及其政策涵义 [J]. 大连理工大学学报 (社会科学版), 2018, 39 (6)：82-90.

[77] 梁同贵. 人口的乡城流动会降低生育水平吗?[J]. 学习与实践, 2018 (2)：86-107.

[78] 梁城城, 王鹏. 公共服务满意度如何影响生育意愿和二胎意愿——基于 CGSS 数据的实证研究 [J]. 山西财经大学学报, 2019, 41 (2)：1-15.

[79] 梁土坤. 人力资本、社会保险、群体结构与二孩生育意愿——基于 2019 年中国社会工作动态调查数据的实证分析 [J]. 人口与发展, 2021, 27 (3)：32-47.

[80] 廖小平, 成海鹰. 论改革开放以来中国社会的价值观变迁 [J]. 湖南师范大学社会科学学报, 2005, 34 (6)：12-16.

[81] 林梅. 当代中国年轻人的压力与焦虑 [J]. 人民论坛, 2019 (33)：78-80.

[82] 刘红云, 孟庆茂. 教育和心理研究中的多层线性模型 [J]. 心理科学进展, 2002 (2)：213-219.

[83] 刘静, 张锦华. 城市异质影响下的农民工市民化程度——基于需求可识别双变量 Probit 和 HLM 模型的测度与分析 [J]. 浙江社会科学, 2021 (10)：63-71.

[84] 刘一伟. 社会养老保险、养老期望与生育意愿 [J]. 人口与发展, 2017, 23 (4)：30-40.

[85] 刘一伟. 住房公积金、城市定居与生育意愿——基于流动人口的调查分析 [J]. 华东理工大学学报 (社会科学版), 2017, 32 (3)：90-101.

[86] 刘永芳. 交通基础设施、市场潜能与经济增长 [D]. 太原：山西财经大学, 2021.

［87］刘卓，王学义．生育变迁：1949～2019年中国生育影响因素研究［J］．西北人口，2021（10）：107-116.

［88］柳如眉，柳清瑞．城乡收入增长、养老金与生育水平——基于扩展OLG模型的实证检验［J］．人口与发展，2020（3）：27-37.

［89］卢洪友，杜亦譞．公共教育融资的平等与增长效应——基于生育率和人力资本双重视角的理论与实证研究［J］．武汉大学学报（哲学社会科学版），2018，71（3）：135-146.

［90］卢晖临．通向集体之路：一项关于文化观念和制度形成的个案研究［M］．北京：社会科学文献出版社，2015.

［91］卢秋佳，徐龙顺，卢海阳，等．养老观念、公平感知与育龄人口二孩生育意愿［J］．福建农林大学学报（哲学社会科学版），2018，21（6）：90-97.

［92］陆杰华，等．深圳人口与健康发展报告（2015）［M］．北京：社会科学文献出版社，2015.

［93］陆学艺．三农论［M］．北京：社会科学文献出版社，2002.

［94］陆学艺．中国进入社会建设的新阶段（上）［M］．济南：山东人民出版社，2011.

［95］罗纳德·英格尔哈特．发达工业社会的文化转型［M］．张秀琴，译．北京：社会科学文献出版社，2013.

［96］罗天莹．改革开放30年与青年生育观念的变迁［J］．中国青年研究，2008（1）：12-16.

［97］吕炜，赵佳佳．中国经济发展过程中的公共服务与收入分配调节［J］．财贸经济，2007（5）：45-52，128-129.

［98］吕碧君．祖父母支持对城镇妇女二孩生育意愿的影响［J］．城市问题，2018（2）：50-57.

［99］吕学静．社会保险基金管理［M］．北京：首都经济贸易大学出版社，2010.

［100］马良，方行明，雷震，等．独生子女性别会影响父母的二胎生育意愿吗？——基于中国综合社会调查（CGSS）数据的研究［J］．人口学刊，2016，38（6）：17-26.

［101］茅倬彦，罗昊．符合二胎政策政策妇女的生育意愿和生育行为差异——基于计划行为理论的实证研究［J］．人口研究，2013：37（1）：84-93.

［102］莫玮俏，张伟明，朱中仕．人口流动的经济效应对生育率的影响——基于CGSS农村微观数据的研究［J］．浙江社会科学，2016（1）：90-98.

［103］倪国华，蔡昉．膨胀还是坍塌——城镇化对育龄妇女生育规划的影响研究［J］．中国软科学，2015（6）：45-55.

［104］倪云松．房价、房产与生育行为——基于CHFS数据的分析［J］．经济问题，2021（11）：121-129.

[105] 聂建亮，董子越."三孩"政策：积极影响、多重障碍与因应策略 [J]. 广州大学学报（社会科学版），2021（6）：77-84.

[106] 潘云华，陈勃. 人口生育率下降的家庭经济因素分析 [J]. 中国青年研究，2011（12）：65-68.

[107] 齐麟. 论单亲家庭 [J]. 人口学刊，2000（6）：50-53.

[108] 齐亚强，牛建林. 新中国成立以来我国婚姻匹配模式的变迁 [J]. 社会学研究，2012（1）：106-129，244.

[109] 钱学锋，魏朝美. 出口与女性的劳动参与率——基于中国工业企业数据的研究 [J]. 北京师范大学学报（社会科学版），2014（6）：95-110.

[110] 乔晓春."单独二孩"政策下新增人口测算方法及监测系统构建 [J]. 人口与发展，2014（1）：2-12.

[111] 卿石松. 夫妻生育偏好变化及其相互影响 [J]. 中国人口科学，2020（5）：106-115.

[112] 宋德勇，刘章生，弓媛媛. 房价上涨对城镇居民二孩生育意愿的影响 [J]. 城市问题，2017（3）：67-72.

[113] 宋健，陈文琪. 育龄夫妇生育意愿的满足情况及家庭特征的影响——基于生育三维视角的实证分析 [J]. 人口研究，2022，46（5）：3-18.

[114] 宋亚旭，于凌云. 我国生育意愿及其影响因素研究综述：1980～2015 [J]. 西北人口，2017（1）：12-17.

[115] 孙立平. 断裂：20世纪90年代以来的中国社会 [M]. 北京：社会科学文献出版社，2003.

[116] 孙立平. 改革共识基本破裂 [EB/OL]. http：//www.cul-studies.com/jiangtan/jianggao/200511/3077.html.

[117] 孙立平. 改革前后中国大陆国家、民间统治精英及民众间互动关系的演变 [J]. 中国社会科学季刊，1994（1）：85-89.

[118] 谭雪萍. 成本-效用视角下的单独二胎生育意愿影响因素研究——基于徐州市单独家庭的调查. 南方人口，2015（30）：1-12.

[119] 陶巍巍，陈正女，陈丹，等. 全面二胎政策背景下职业女性生育观的质性研究 [J]. 护理研究，2017，31（26）：3310-3314.

[120] 陶长琪，陈伟，郭毅. 新中国成立70年中国工业化进程与经济发展 [M]. 数量经济技术经济研究，2019（8）：3-26.

[121] 汪伟，杨嘉豪，吴坤，等. 二孩政策对家庭二孩生育与消费的影响研究——基于CFPS数据的考察 [J]. 财经研究，2020（46）：79-93.

[122] 王邦佐. 中国政治文明与中国政党制度 [J]. 上海市社会主义学院学报，2003

（1）：24-29.

［123］王国刚．城镇化：中国经济发展方式转变的重心所在［J］．经济研究，2010（12）：43-59.

［124］王家庭，曹清峰，宋顺锋．运输成本、生产率差异与我国制造业劳动收入份额［J］．经济学（季刊），2019，18（3）：791-812.

［125］王金营，马志越，李嘉瑞．中国生育水平、生育意愿的再认识：现实和未来［J］．人口研究，2019，43（2）：32-43.

［126］王立勇，吕政．制造业集聚与生产效率：新证据与新机制［J］．经济科学，2021（2）：59-71.

［127］王良健，蒋书云．流动人口二孩生育意愿及其影响因素研究——基于湖南省2016年流动人口动态监测数据［J］．调研世界，2017（6）：12-17.

［128］王天宇，彭晓博．社会保障对生育意愿的影响：来自新型农村合作医疗的证据［J］．经济研究，2015，50（2）：103-117.

［129］王一帆，罗淳．促进还是抑制？受教育水平对生育意愿的影响及内在机制分析［J］．人口与发展，2021，27（5）：72-82，23.

［130］王跃．中国加快农业转移人口市民化的实践、难题与对策［J］．学习与探索，2018（3）：127-13.

［131］魏炜．公共服务满意度对城乡居民二孩生育意愿的影响［D］．福州：福建农林大学，2020.

［132］温兴祥，郑子媛．农村流动人口基本公共服务的多维贫困［J］．华南农业大学学报（社会科学版），2020，19（5）：56-69.

［133］吴帆．生育意愿研究：理论与实证［J］．社会学研究，2020，35（4）：218-240.

［134］吴良镛．发达地区城市化进程中建筑环境的保护与发展［M］．北京：中国建筑工业出版社，1999.

［135］吴莹，张艳宁．"玩耍"中的阶层区隔——城市不同阶层父母的家庭教育观念［J］．民族教育研究，2016，27（5）：61-68.

［136］吴振华．供给侧改革背景下制造业产业集聚对城乡居民消费存在门槛效应吗？［J］．经济问题探索，2020（1）：10-22.

［137］夏怡然，陆铭．城市间的"孟母三迁"——公共服务影响劳动力流向的经验研究［J］．管理世界，2015（10）：78-90.

［138］向华丽，李波平．农村育龄妇女生育偏好现状考察——以湖北省为例［J］．南京人口管理干部学院学报，2010，26（4）：20-24，75.

［139］肖涵，葛伟．公共服务质量对二孩生育行为的影响及机制研究［J］．经济科学，

2022（1）：112-125.

[140] 谢永飞，刘衍军．流动人口的生育意愿及其变迁——以广州市流动人口为例［J］．人口与经济，2007（1）：53-57.

[141] 谢耘耕，万旋傲，刘璐，等．中国居民社会信任度调查报告［J］．新媒体与社会，2017（1）：7-21.

[142] 熊永莲，谢建国．贸易开放、女性劳动收入与中国的生育率［J］．财经科学，2016（4）：113-122.

[143] 徐维祥，李露，刘程军．中国福利水平的时空分异特征及动力机制研究［J］．浙江工业大学学报（社会科学版），2018（4）：361-371.

[144] 徐延辉，邱啸．社区弹性与农民工市民化［J］．社会科学战线，2021（8）：204-212.

[145] 许传新，高红莉．徘徊于传统与现代之间：新生代农民工婚姻家庭观研究［J］．理论导刊，2014（3）：73-75.

[146] 阳义南．初婚年龄推迟、婚龄差对生育意愿的影响［J］．南方人口，2020，35（3）：21-32.

[147] 杨凌，陈学彬．我国居民家庭生命周期消费储蓄行为动态模拟研究［J］．复旦学报（社会科学版），2006（6）：14-24.

[148] 杨华磊，沈盈希，谢琳．城镇化、生育水平下降与经济增长［J］．经济评论，2020（3）：87-99.

[149] 杨华磊，吴义根，张冰鑫．城镇化、外部性与生育水平［J］．人口与发展，2018，24（4）：48-55.

[150] 杨菊华．流动人口二孩生育意愿研究［J］．中国人口科学，2018（1）：72-82，127-128.

[151] 杨善华，赵力涛．中国农村社会转型中社区秩序的重建：制度背景下的"农户—社区"互动结构考察［J］．社会学研究，1996（5）：64-75.

[152] 杨淑彩，姜全保．子女孩次性别结构与女性再生育［J］．人口与经济，2021（2）：27-44.

[153] 姚从容，吴帆，李建民．我国城乡居民生育意愿调查研究综述：2000-2008［J］．人口学刊，2010（2）：17-22.

[154] 姚士谋，陈振光，朱英明，等．中国城市群［M］．北京：中国科学技术大学出版社，2001：322-336.

[155] 尹海燕．我国农业转移人口市民化研究［J］．经济研究导刊，2021（21）：13-15.

[156] 于潇，韩帅．祖辈照料支持对育龄妇女二孩生育间隔的影响［J］．人口与经济，

2022（2）：26-41.

[157] 于也雯，龚六堂. 生育政策、生育率与家庭养老 [J]. 中国工业经济，2021（5）：38-56.

[158] 俞可平. 政府创新的可持续关键在于其要素的延续与扩散 [J]. 公共管理学报，2019（1）：10-14.

[159] 喻晓，姜全保. 低生育水平下我国生育率转变影响机制的地区差异——来自90年代省级面板数据的经验研究 [J]. 南方人口，2010（2）：58-64，50.

[160] 张鹏飞. 全面二孩政策下生育水平变动与中国人口结构发展研究 [J]. 大连理工大学学报（社会科学版），2021，7（42）：113-122.

[161] 张品. 试论女性教育降低生育水平的原理 [J]. 兰州学刊，2009（7）：100-101.

[162] 张川川，陈斌开. 社会养老能够替代家庭养老吗？[J] 经济研究，2014（11）：102-115.

[163] 张弘，吴顺利. 物流业与制造业协同集聚对居民消费扩张的影响——基于动态空间杜宾模型的实证分析 [J]. 消费经济，2022，38（2）：41-56.

[164] 张丽萍，王广州. 女性受教育程度对生育水平变动影响研究 [J]. 人口学刊，2020（6）：19-34.

[165] 张亮. 中国儿童照顾政策研究 [D]. 上海：复旦大学，2014.

[166] 张琳. 职业女性二孩生育意愿及其影响因素研究 [J]. 调研世界，2018（8）：12-18.

[167] 张然. "单独二胎"新政效果的影响因素研究——基于家庭消费的视角 [J]. 消费经济，2014，30（6）：83-87，94.

[168] 张若愚. 社会资本对二胎生育意愿的影响研究——一个文献综述 [J]. 劳动保障世界，2019（24）：33-34.

[169] 张焘. 从"丁克"家庭看当代女性生育观念的转变 [J]. 劳动保障世界，2017（20）：23-24.

[170] 张晓青，黄彩虹，张强，等. "单独二孩"与"全面二孩"政策家庭生育意愿比较及启示 [J]. 人口研究，2016，40（1）：87-97.

[171] 张孝栋，张雅璐，贾国平，等. 中国低生育率研究进展：一个文献综述 [J]. 人口与发展，2021（6）：9-21.

[172] 张效莉，王成璋，何伦志. 人口增长与经济发展相互作用机制及实证分析——基于水平 VAR 的 Granger 因果分析方法和协整技术 [J]. 南方人口，2006（1）：59-64.

[173] 张兴月，张冲. 农村居民生育意愿及其影响因素——基于社会保障的视角 [J]. 农村经济，2015（11）：59-64.

[174] 张翼. 中国人口出生性别比的失衡、原因与对策 [J]. 社会学研究, 1997 (6)：57-70.

[175] 赵梦晗. 女性受教育程度与婚配模式对二孩生育意愿的影响 [J]. 人口学刊, 2019, 41 (3)：16-27.

[176] 赵伟锋, 杨云彦, 石智雷. 成本收益失衡、学习演化与区域低生育水平强化 [J]. 经济经纬, 2017, 34 (5)：109-115.

[177] 赵昕东, 李翔. 流动人口女性个体的生育间隔影响因素研究——基于 2016 年全国流动人口动态监测调查数据 [J]. 统计研究, 2018, 35 (10)：69-80.

[178] 周福林. 生育意愿及其度量指标研究 [J]. 统计教育, 2005 (10)：9-11.

[179] 周京奎, 王贵东, 黄征学. 生产率进步影响农村人力资本积累吗？——基于微观数据的研究 [J]. 经济研究, 2019 (1)：100-115.

[180] 周立群, 周晓波. 中国生育率下降的制度经济学分析——来自养老社会化的解释 [J]. 西南民族大学学报（人文社科版）, 2016, 37 (11)：16-20.

[181] 周一星. 关于中国城镇化速度的思考 [J]. 城市规划, 2006 (s1)：32-35.

[182] 周云. 中日两国生育意愿、生育水平及影响因素比较 [J]. 人口与社会, 2016 (1)：72-82.

[183] 朱明宝, 杨云彦. 幸福感与居民的生育意愿——基于 CGSS2013 数据的经验研究 [J]. 经济学动态, 2017 (3)：52-61.

[184] 朱妍. 劳动力流动、产业转移与城市发展研究 [D]. 天津：南开大学, 2010.

[185] 祝宏辉, 陈贵红. "全面二孩" 政策下新疆生产建设兵团育龄人群生育意愿调查分析 [J]. 西北人口. 2017 (6)：111-115, 124.

[186] 庄亚儿, 姜玉, 王志理, 等. 当前我国城乡居民的生育意愿：基于 2013 年全国生育意愿调查 [J]. 人口研究, 2014 (3)：3-13.

[187] 庄渝霞. 社会生育成本的构成及界定准则的探索 [J]. 社会科学, 2009 (5)：84-91, 189.

[188] 庄渝霞. 生育事件与生育保险对中国城镇女性就业的影响——一项来自 CHNS 追踪调查的实证研究 [J]. 人口与发展, 2020, 26 (6)：87-98.

[189] 邹一南. 购房、城市福利与农民工落户意愿 [J]. 人口与经济, 2021 (3)：35-51.

[190] 邹一南. 农民工落户悖论与市民化政策转型 [J]. 中国农业经济, 2021 (6)：15-27.

[191] Azarnert L V. Transportation Costs and the Great Divergence [J]. Macroeconomic Dynamics, 2016, 20 (1)：214-228.

[192] Ajzen I, Klobas J. Fertility Intentions：An Approach Based on the Theory of Planned

Behavior [J]. Demographic Research, 2013, 29: 203-232.

[193] Ajzen I. The Theory of Planned Behavior [J]. Organizational Behavior and Human Decision Processes, 1991, 50: 179- 211.

[194] Albouy D. What Are Cities Worth? Land Rents, Local Productivity, and the Capitalization of Amenity Values [J]. Nber Working Papers, 2009, 98 (14981): 477-487.

[195] Armiento M. The Sustainable Welfare Index: Towards a Thresh - Old Effect for Italy [J]. Ecological Economics, 2018, 152: 296-309.

[196] Balbo N, Mills M. Social Capital and Pressure in Fertility Decision-making: Second and Third Births in France, Germany and Bulgaria [J]. Population Studies, 2011, 65 (3): 335-351.

[197] Becker G S. An Economic Analysis of Fertility [J] Demographic and Economic Change in Developed Countries, 1960 (5): 209-231.

[198] Bloom D E, Canning D, Fink G, et al. The Cost of Low Fertility in Europe [J]. European Journal of Population/Revue Européenne de Démographie, 2010, 26 (2): 141-158.

[199] Bongaarts John. The End of Fertility Transition in the Developed World [J]. Population and Development Review , 2002, 28: 419-444.

[200] Frejka T, Sobotka T. Fertility in Europe: Diverse, Delayed, and Below Replacement [J]. Demographic Research, Special Collection, 2008, 19 (3): 15-46.

[201] Galor O, Weil D N. Population, Technology, and Growth: From Malthusian Stagnation to the Demographic: Transition and Beyond [M]. American Economic Review, 2000, 4: 806-828.

[202] Hervitz H M. Selectivity, Adaptation, or Disruption? A Comparison of Alternative Hypotheses on the Effects of Migration on Fertility: The Case of Brazil [J]. International Migration Review, 1985, 19 (2): 293-317.

[203] Hox J. Multilevel Modeling: When and Why [M]//Balderjahn I, Mathar R, Schader M. Classification, Data Analysis, and Data Highways. Berlin: Springer Berlin Heidelberg, 1998.

[204] Keim. Short Communication: Regional Variation in Perceptions about Climate Change [M]. International Journal of Climatology , 2009, 29: 2348-2352.

[205] Kimura M, Yasui D. Public Provision of Private Child Goods [J]. Journal of Public Economics, 2009, 93 (5): 741-751.

[206] Koenker R. Quantile Regression for Longitudinal Data [J]. Journal of Multivariate Analysis, 2004, 91 (1): 74-89.

[207] Leibenstein H. Aspects of the X-Efficiency Theory of the Firm [J]. The Bell Journal of Economics, 1975, 6 (2): 580-606.

[208] Lesthaeghe R. The Unfolding Story of the Second Demographic Transition [J]. Population

and Development Review, 2010, 36 (2): 211-251.

[209] Miller A R. The Effect of Motherhood Timing on Career Path [M]. Journal of Population Economics, 2010, 24 (3): 1071-1100.

[210] Miller W B, Pasta D J. Behavioral Intentions: Which Ones Predict Fertility Behavior in Married Couples? [M]. Journal of Applied Social Psychology, 1995, 25 (6): 530-555.

[211] Maruyama A, Yamamoto K. Variety Expansion and Fertility Rates [J]. Journal of Population Economics, 2010, 23 (1): 57-71.

[212] McDonald P. Gender Equity in Theories of Fertility Transition [J]. Population and Development Review, 2000, 26 (3): 427-439.

[213] Morgan S P, Bachrach C A. Is the Theory of Planned Behaviour an Appropriatemodel for Human Fertility? [J]. Vienna Yearbook of Population Research, 2011, 9 (1): 11-18.

[214] Morita T, Yamamoto K. Interregional Fertility Differentials and Agglomeration [J]. Japanese Economic Review, 2018 (2): 171-188.

[215] Philipov A, Glickman M E. Factor Multivariate Stochastic Volatility Via Wishart Processes [J]. Econometric Reviews, 2006, 25 (2-3): 311-334.

[216] Polachek S. Occupational Self-Selection: A Human Capital Approach To Sex Differences In Occupational Structure [M]. Review of Economics and Statistics, 1981, 63 (1): 60-69.

[217] Sato Y, Yamamoto K. Population Concentration, Urbanization, and Demographic Transition [J]. Journal of Urban Economics, 2005, 58 (1): 45-61.

[218] Sato Y. Economic Geography, Fertility and Migration [J]. Journal of Urban Economics, 2007 (2): 372-387.

[219] Schoonbroodt A, Tertilt M. Property Rights and Efficiency in OLG Models with Endogenous fertility [J]. Journal of Economic Theory, 2014, 150 (1): 551-582.

[220] Sen A. Well-being, Agency and Freedom: The Dewey lectures [J]. The Journal of Philosophy, 1985, 82 (4): 169-221.

[221] Sobotka T. Shifting Parenthood to Advanced Reproductive Ages: Trends, Causes and Consequences [M]. Berlin/Heidelberg: Springer, 2009.

[222] Stephen E H, Bean F D. Assimilation, Disruption and the Fertility of Mexican-Origin Women in the United States [J]. International Migration Review, 1992, 26 (1): 67-88.

[223] Weber Max. Economy and Society: An Outline of Interpretive Sociology, Berkeley: University of California Press, 1978.

[224] White J. Social Welfare and Family Law Issues and the Local Government Ombudsmen for England [J]. Journal of Social Welfare and Family Law, 2007, 29 (1): 77-86.